なぜ悲劇は起こり続けるのか

共生への道なき道を開く

鈴木文治

Suzuki Fumiharu

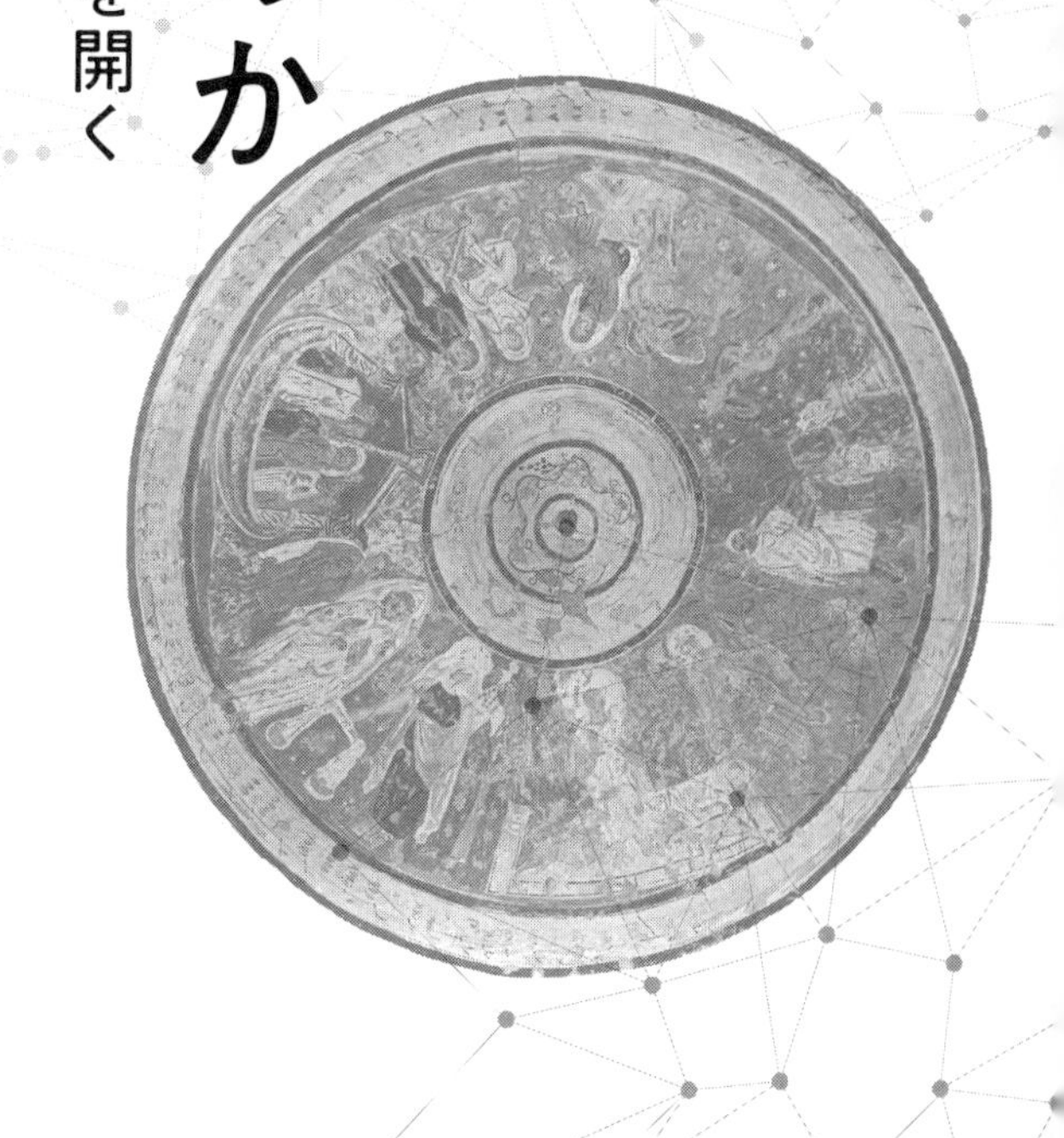

ぷねうま舎

装丁＝矢部竜二（Bow Wow）

妻・藤原繁子の霊に捧げる

なぜ悲劇は起こり続けるのか＊目　次

序章　共生社会に向けて

私たちは現在、どのような時代を生きているのだろうか。端的に言えば、「差別」「非寛容」、そして「排除」の言葉がかつてないほどの重い意味をもつ社会の中にいるのではないだろうか。何が、そうさせているのか。なぜ、そうなってしまったのか。

第一次世界大戦では、二五〇〇万人、第二次世界大戦では五〇〇〇万人もの人命が失われ、大戦終了後には国際連合総会において、世界人権宣言が採択された。何と言っても戦争は最大の人権侵害であり、かくも悲惨な人権侵害の結果を受けて、人類は二度と戦争を起こさないことを誓った。だが、第二次大戦後七〇年を経た今日、戦争状態が恒常化した国や地域から、あまりに悲惨な状況が日々刻々と伝えられている。多くの非戦闘員である一般市民が犠牲となり、守られるべき子どもたちにも、容赦のない戦禍が降り注ぐ。毎日のように何十人もが死亡したというニュースが流れる。もう二度と戦争を起こさないと誓い合ったあの反省は、一体どこに消えてしまったのか。

国際政治や経済的連繫にはらまれる諸問題にしても、そこでは世界全体で支え合うという共存の思想は重みを失い、一国繁栄主義の横行する世界となってしまった。戦争の惨禍から学んだはずの「共存・共生」の思想は雲散霧消し、人間存在の尊厳という言葉も意味を失いつつある。アメリカ第一主義を掲げるトランプ大統領の日々の発言に見られるとおりの、自国の繁栄だけを求める政治が国際社会に蔓延している。難民や移民の問題は、ヨーロッパ各国の植民地政策や覇権主義によって引き起こされたものであるのに、その責任主体であるヨーロッパは難民や移民に対して、自国の安全や繁栄を第一として彼らを受け止めようとしない。ヨーロッパの繁栄は、難民たちの犠牲の上に成り立っていることをどうして忘れてしまうのか。ナチスによる少数者の排除・殲滅（せんめつ）を図った過去との訣別の標（しるし）として多くの難民を受け容れ、ヨーロッパ最大の共生国家を目指そうとするドイツですら、難民排除を掲げる政治団体の台頭が顕著になりつつある。

　互恵国家、協調社会、共に支え合う社会の理念が音を立てて崩れつつある。それは極めて危機的な水準に至っていると言わざるをえない。一国の繁栄と安全のみを追求することは、貧しく苦しむ人たちの多い発展途上の他国の崩壊に直結し、それはとりもなおさず、全世界の崩壊に結びつくであろう。

　日本国内の状況も、この点はなんら変わりはない。日本が当面している経済問題の本質は、労働者の激減である。少子高齢化社会になった日本では、労働可能な人口が減少し、労働力の確保が喫緊の課題となっている。そのために政府は移民導入の政策を模索しているが、厳しい条件を付けるなど、他方で外国人の受け容れには極めて消極的である。

もともと日本と日本人には、外国人との共生を真剣には受け止めにくい土壌がある。それを背景として、これほど外国人との共生が求められている日本においてすら、狭隘なナショナリズムを鼓吹する一部の扇動者によって、外国人に対する差別や排除は当然のことと考える人々が増えてきている。だが、二五〇万人の外国人がすでに日本社会で暮らしている。日本人か否かという基準が、共生社会の実現を阻んでいる現状をどうとらえたらよいのか。

障がい者、外国人、ホームレス、貧しい人々、性的マイノリティへの差別や偏見はますます高まり、持てる者と持たざる者との極端な階層分化が進んでいる。生活保護受給者へのバッシングが起こり、LGBT（レズビアン、ゲイ、バイセクシュアル、トランスジェンダー）の人は子どもをつくらないから生産性がない、などという批判が堂々とまかり通る社会がここにある。子どもを産むかどうかは個人の問題であって、社会や国家のために子どもを作るのではない。この当たり前の考えが、そこでは雲散霧消しているのだ。人は国家のための生き物だとでも言うのか。拡がる一方の経済格差による貧困状態の影響は子どもたちに及び、子どもの貧困率は六パーセントに達していると言われる。食べることのできない子どものために、民間の「こども食堂」が全国につくられている。

これら一連の現象が示していることは明らかに政治の不在である。まず何よりも、まっとうな政治理念とそれを担う政治家の不在を意味しているのだ。このままいけば、革命の動乱が起きたとしてもおかしくはない。ところが、奇妙なことにもっと怒ってもよいはずの人たちが、今の政権を支えるという事態が発生している。これは一体どうしたことか。一昔前なら、社会のいわゆる不満分子の憤りの奔流を、巧みに他の方向へ誘導する術策が、なかでも娯楽や幻想を与えて、そもそも政治に関心をもたせないようにする政策の効果と考えられるところだ。だが、昨今ではこうした現象に人と人との距離を縮めたと豪語するIT革命後の混乱が拍車をかけているとみられる。たしかに誰しもどこからでも発信することができるようにはなった。しかし現在、このことがもたらしているのは多数をかたらって、人と人、民族と民族の間に亀裂をもちこもうとする、しごく短絡的な極右的思考である。

共生社会を本気でつくろうとする意図は、もとより政府にはない。社会にもそんな兆候は目下のところ見当たらないというべきかもしれない。共生社会は強欲な晩期資本主義や、エゴ丸出しの個人主義と正面から対峙しようとするものであり、目指すところはお互いが支え合う福祉社会だからである。今のままでは、共生社会は実現しないどころか、すでにある共生社会に向けての到達点も、その新しい芽すらも奪われていく。本当にこのままでよいとでも言うのか。

キリスト教的にいえば、現在は終末論的危機のただ中にある。世界終末時計は、核戦争などによる人類滅亡までの残り時間を示すものだが、二〇一八年にはこれが二分前となったということだ。危機には、核戦争だけではなく、気候変動や環境破壊も重要な要素として含まれている。毎日のように報道される戦争やテロの犠牲者たち、また無残で理不尽な殺人事件の犠牲者たち、その数は人命の喪失に対する私たちの鈍感さをいや増すほどのものだ。もはや、「人の命は地球より重い」という格言は意味を失った。深化する環境破壊と大規模な自然災害、そして一部の富める者と大多数の貧しい者との極端な社会的格差は、将来を担う若者や子どもたちから希望や夢を奪っている。このような社会をつくってしまった私たちは、子どもたちの希望や未来を奪ってしまったことに謝罪し続けるしかないのではないか。とりわけ、社会の変革を求めて行動した、かつての全共闘世代の一員として、その責任の重さを痛感せざるを得ない。私たちは、一体何をしてきたのだろうか。

共生社会という用語は八〇年代半ばから注目され始め、九〇年代を通して議論されてきた。その背景には、少子高齢化の現象があり、労働力不足や世代間格差、多民族社会への突入という現実がある。共生には、高齢者と若者、障がい者と健常者、男性と女性、日本人と外国人との「共生」といった具体的な内容があるが、これまでのところは現実の問題に踏み込むというより、どちらかといえば対立する二項の差別解消に向けたスローガンとして俎上にのぼせられてきた。今日では、ＡＩロボットとの共生が提起されているように、時代と共に共生社会の位置づけは拡がり、かつ様相を変えている。

しかし、本来の共生の原則をまとめてみれば、一、多様性、異質性を受け止め、相互の差異を踏まえながら、共にあること、二、人々が時に協働し、時に葛藤すること、三、それぞれの主体が許容性を保ちながら対話し、自省すること、四、共生的結合の中で新たなシステムを生み出すこと、等々である。

それでは政府と官僚たちは、共生社会の実現についてどのように考えているのだろうか。内閣府が二〇〇六年に出した、「共生社会形成促進のための政策研究会」の報告を見てみよう。共生社会が示す社会像を、国民が共有できるものとすることを想定して、つくられたものということである。

二〇〇四年に行われた「共生社会に関する意識調査」によれば、共生社会についてなにがしかのことを知っていると答えた人の割合は一八・一パーセントであり、聞いたことはあるが意味はわからないと答えた人は二八・五パーセント、聞いたことがないと答えた人は五三・四パーセントとなっている。これは一般に、共生社会に対する関心が極めて低いことを示している。

この調査では、共生度指標について次の五項目を挙げている(1)。

一、各人が、しっかりした自己を持ちながら、帰属意識を持ちうる社会。
二、各人が、異質で多様な他者を、互いに理解し、認め合い、受け入れる社会。
三、年齢、障がいの有無、性別などの属性だけで排除や別扱いされない社会。
四、支え、支えられながら、すべての人が様々な形で参加・貢献する社会。
五、多様なつながりと、様々な接触機会が豊富に見られる社会。

さらにこの五つの共生度指標のキーワードは、次のようになっている。(2)

一、目指すべき共生社会では、誰もが、しっかりした自分を持ちながら、近隣の人々へ高い関心を向け、社会からの疎外感を感じることなく、地域に愛着を抱くことが出来る。

二、目指すべき共生社会では、誰もが、人格と個性を尊重し合いながら、社会の多様な人々の立場に立って、相互に理解することが出来る。

三、目指すべき共生社会では、誰もが、自らの希望に応じた社会活動への参加を妨げられず、年齢や障がいなどを理由に社会から排除や別扱いをされない。

四、目指すべき共生社会では、誰もが、互いに支え合いながら、自らの特性・能力や希望に応じて、様々な形で積極的に社会参加・貢献が出来る。

五、目指すべき共生社会では、相互の信頼関係に基づいて多様で豊富なネットワークが形成され、誰もが、多様な人々の繋がりの中で生きていることを実感できる。

「報告」では、このような指標やキーワードを明らかにして、国民に共生社会のイメージを示している。共生に関する意識調査の結果では、聞いたことがないと答えた国民は半数以上であることが示されたが、その結果を踏まえて共生社会のイメージ化を図ったものである。しかし、この共生度指標とそのキーワードは、一般国民の思いとは合わないものもあると、報告書では述べられている。つまり、そこで前提とされているのが、共生社会という用語やその内容がそれまでにまったく議論されてこなかったということと、「共生社会」そのものに対する批判的意見もあることとの二点だからである。

それは、社会的に弱い立場にある人たちとの共生を望まない人々の存在であり、彼らとの共生は社会の発展や進歩を疎かにすることだと考えている人々がいることである。よく取り上げられる議論としては、競争社会と共生社会とは両立しうるものなのかというのがある。たとえば、イギリスのブレア政権下での「若者支援」は、弱い立場の若者への支援なのか、それとも将来の労働力の育成につながる成長戦略なのか、という問題もある。競争原理を尊重する、社会全体の成長をよしとする価値観と、弱い立場の人々を包み込むためであれば、多少の社会的発展・成長は抑えてもよいとする価値観との対立がここにはある。さらに、共生社会を国際的な拡がりの中にあるトレンドとして捉え、日本社会もそれに対応した社会にすることが望ましいと考えるという立場など、議論は多岐にわたる。また、共生したくないと考える人々、たとえばネトウヨのような極端な排斥思想をもつ人々、ヘイトスピーチを正しいと信じて実践する人々との共生は可能なのか、という問題もある。

共生について、これまでに出版された書物の中でも、共生社会そのものについて安定した概念が定まっているわけではないし、また共生社会の実現に向けた具体的な取り組みについて示されているのでもない。むしろ共生社会の実現を阻む抵抗勢力の台頭に当面して、それへの対応を探っているが、何をどうすればよいのかにかかわる具体策は立てられていない。

表舞台で共生社会を論じる政府や役人、学識経験者たちが、本気で共生社会の実現を願っているということが、私には伝わってこない。おそらく、それらは一般論に終始しているからであり、差別や排除の現場にいるという臨場感がうかがえないからではないか。なによりも差別や排除を受けている当事者を議論に巻き込むという姿勢が見えてこないということは、当事者主権という基本的な考え方の欠落を意味している。

政府には、本気で差別や排除の問題を解決しようとする姿勢が見られない。これでは日本社会に、いつまでたっても共生社会の実現などありえないだろう。

第一章　なぜ悲劇は起こり続けるのか——この時代の差別と共生

1　津久井やまゆり園事件考

平成二八〔二〇一六〕年七月二六日、相模原市の神奈川県立津久井やまゆり園で起きた障がい者殺傷事件は、一九名が死亡、二七名が負傷（うち三名は職員）という前代未聞の事件となった。犯人は「重度障がい者は生きている価値がない」と主張して、殺害に及んだ。しかも、元職員であり、大学時代には教員を目指していたという。この事件の背景には、一体何があったのか、そしてこの事件は私たちに何を問いかけているのか。

この事件は、「戦後最悪の事件」であり、衆議院議長宛ての手紙で犯行を予告し、その大量殺人事件を正当化している点で、いわゆる「ヘイトクライム」（憎悪犯罪）としての性格をもつ犯罪とされる。「ヘイトクライム」とは、個別の当事者間のトラブルから発生する事件ではなく、人種、民族、宗教、性的指向、障がい等の特定の属性に対する偏見や差別に基づく憎悪によって引き起こされる暴力や虐待、殺害等の犯罪を指す。アメリカには、「ヘイトクライム防止法」があり、これは近代市民社会の人権思想に基づいたマイノリティ保護を念頭に置いた法律である。その意味からすれば、植松容疑者の犯罪は、「ヘイトクライム」と見ることができる。

報道では、植松容疑者は犯行前も犯行後も、「障がい者がいなくなればいい」と語っていると伝えられた。衆議院議長宛ての手紙の中で、障がい者抹殺は「日本国と世界のため」、「世界経済の活性化、第三次世界大戦を未然に防ぐもの」と考え、「公的な利益」にかない、「正義」に基づくものと前置きされている。「障がい者は不幸をつくることしかできない」と断じた上で、障がい者の安楽死を提言する「優生思想」を展開する。

その手紙には、具体的な「作戦内容」（犯行予告）が記され、その通りに実行された。彼の供述が明らかにされるにしたがって、この容疑者の特異な考え方に不快感を示す人たちは多数にのぼった。しかしながら、彼の声明や供述で最も問題とされるべきは、自らの行為を社会的な承認を受けるべき、まさに「英雄的行為」と決めつけている点である。なぜこのような行動が社会から支持されると考えたのか。その背景にあるものとは何か。つまり、行動の異常さそのものよりも、社会がこれを容認し、賞賛されると考えたことの異常性はどこから生じるのかが問題である。

私は生涯の大半を障がいのある子どもたちの教師として生きてきた。また、キリスト教の教会の牧師として障がい者、ホームレス、外国人、貧しい人々と共に生きる教会をつくってきた。そんな中で「インクルージョン」の思想に出会い、インクルーシブ社会の実現のためにさまざまな活動を行ってきた。現在は大学教師として、障がい児教育や障がい者福祉を学生たちに教える立場にあるが、そうした営みの中核に置いているのは、インクルーシブ社会の実現に向けての現実的な課題の整理や、それらに対処していく具体的な方策を探ることである。

将来、特別支援学校教師となる学生を前に、自閉症や発達障がいなどの特性や、それを踏まえての指導法を授業を通して解説するが、彼らが学校や社会で差別され、排除されている現実を実際に見ることと、そこから見えてきた課題に現実的にいかに取り組むべきなのかを共に考察する。そこでは国や地方自治体の政策とかかわることも多いが、個人として取り組むべきことも少なくない。

そこでは、教師とは何か、その中でも障がい児教育の教師とは何かという本質的な問題を学生たちに提起し、共に考える。教師とは子どもたちにものを教える職業だが、障がいのある子どもたちの教師とは何者なのか、何者であらねばならないのか。そうして、人間や社会とは何かを自らの頭で考えること、そして自らの生き方について哲学をもつように努めることを第一に勧めている。個の生き方の問題として、障がい児教育の現場に立つ教師という存在について、つまり自分自身の位置と行動基準について深く考えさせることにしている。そのために、講義を聴くだけではなく、知的障がいや肢体不自由の子どもたちに実際にかかわることを勧める。私の学生には、特別支援学校と特別支援学級の教育ボランティアや、福祉施設の放課後支援などを進んで行っている者が多くなっている。障がいのある人々の側に立って、社会のあり方を考え、その実態を自分自身としてどう受け止めていくのかが、教師であろうとする者にとっての課題、それも理性に拠ってだけではなく、感性も含めた、つまりもてるものを総動員しての課題であることを、やがて彼らは理解してくれるようになる。障がい者やその保護者の苦しみに共感できる教師を育てること、そして社会が障がい者にどのようにかかわるべきなのかを示すことのできる教師を育てること、いささか大仰に聞こえるかもしれないが、これが教育を通しての私の使命だと考えている。そして授業の根底に私が置いているのは、常にインクルージョンの理念であり、絶えずそこに立ち帰るようにしている。そうすることになったのには、次のような経緯がある。

一四年前に私は、川崎市の北部に養護学校を新設し、その初代の校長を務めることになった。そのとき、まず最初に出会ったのは、地域住民による養護学校設立反対運動であり、私はまずその矢面に立たされることになった。障がい者が地域に入ってくることに強い不快感を示した住民が起こした反対運動であった。なんとか開校に漕ぎつけたその一年目の初めての入学式当日、校門の前には黒いホロのかけられた大型車が止められ、通行不能にされた。保護者はそれを見て泣いた。川崎市のスローガンは、「共生の町」「人権の町」である。外国人やホームレス、そして障がい者と共に生きる町を標榜している。その町で養護学校排斥が起こったのである。こうした障がい者差別や排除とは一体何か。地域住民の養護学校新設反対の背後には一体何があるのか。

また、教会の活動としては川崎市のホームレス支援にかかわって二五年になる。この間、支援活動に対する地域住民の反対や嫌がらせなど、社会から向けられる差別や偏見を真っ正面から受け止めて歩まざるをえなかった。ホームレスの人々の中に障がいのある人たちは多い。まず障がい者がホームレスになる社会とは一体何かを問わなければならない。そして、その支援活動に反対する人々とは誰なのか。反対者の中には、革新政党の議員もいた。警察官や町内会役員もいた。こうして教会は地域社会に対して闘わざるを得なかったのである。

私の教会はこの「共生の町」川崎市の南部にある。ここは在日朝鮮人が多く暮らしている地域でもある。彼らに対する差別や排除の実態も、これまでいやというほど見せられてきた。桜本商店街を前にして狂ったように叫ぶ「ヘイトスピーチ」の行進者たち、彼らはなぜそこまで差別するのか。そして、それを犯罪としない日本という国とは何なのか。

地域社会にはびこる差別と偏見との養護学校の闘いを通して学んだことを踏まえて、また教会でのホームレス支援の実体験を通して、私の見聞きしてきた差別と排除の現場から、相模原の事件について考えてみる。

(1) 教育の敗北

この事件の第一報を受けたとき、真っ先に浮かんだ言葉は、「学校教育の敗北」であった。長く学校の教師として子どもたちとかかわる中で、とりわけ障がいや不登校、非行、外国籍、虐待など、さまざまな教育的ニーズのある子どもたちの指導に私は携わってきた。常に私の念頭にあったのは「社会的自立」という言葉であり目標である。学校教育を終えて社会に出て行く彼らに、障がいやさまざまなハンディがあったとしても、それを理解し支援をしてくれる人たちによって、社会から排除されることのない人生を歩んでほしい。その思いは強かった。そのためには本人のがんばりだけではなく、彼らを受け止める社会の側が、寛容で共感的な社会であってほしいと切に願っていた。社会の中に障がい者を始め、さまざまなハンディのある人たちを、差別や偏見の目で見ずに、受け止める社会であってほしい。一貫してそのことを願ってきた。学校においては、障がい児などの支援を必要とする子どもたちが、学級や友だちの輪から弾き出されることなく、共にみんなで支え合う学校づくりを目指してほしい、と。

障がい者を始め、さまざまな教育的ニーズのある子どもたちは、その人権が侵害されやすい立場にある。そのために、一人ひとりの人権を尊重することを教える「人権教育」に取り組まなくてはならない。そこではまた、共生社会を目指しての「福祉教育」も行われてきている。だが、実際に学校の「人権教育」や「福祉教育」に携わる講師として、長くそれにかかわってきた私として常に思っていたことは、学校の取り組みは極めて手薄だということである。特に、「福祉教育」に取り組もうとする学校は少なく、これにまったく関心を示さない学校も多い。私はまた、川崎市北部の社会福祉協議会の委員として、地域の福祉教育にもかかわっているが、その実情は率直に言って望ましいものではない。

津久井やまゆり園事件は、まずなによりも人権教育も福祉教育もなおざりになり、本気で取り組まれてこなかったことを、私にとってあらためて思い知らされた事件であった。あのような障がい者抹殺思想の持ち主が生まれてきたこと自体、教育の敗北である。しかも、植松容疑者がたとえ一時にしても、教職を目指していたこと、また障がい者施設で働いていたことも、私には衝撃であった。教職を目指していたのであれば、教員免許取得のための専門教科を学んだはずである。福祉の職員になろうとしたのなら、それなりの研修も受けてきたであろう。彼は小学校から大学にかけて、支援を必要とする人たちを仲間として生きることを、どのように学んできたのだろうか。この事件は、教育関係者に強い反省を喚び起こしている。「共生教育」や「人権尊重の教育」を、私たちは一体どのように学校教育に位置づけてきたのか、と。

長く障がいのある子どもたちの教育に携わり、社会における差別や排除の実態を身に沁みて知らされてきた者は、また地域をインクルーシブな共生社会に変える取り組みを志してきた者は、この事件を前にして、これまでしてきたことは一体何だったのかと自らを責め続けなければならない。これは、それほどの出来事であると、私は思う。

学校とは何なのか。言うまでもないことかもしれないが、社会人として自立できるようにするために、知識や技術を習得させることだけが、学校の目的ではない。自分の生き方や社会のありかたを、自らの力で考えることのできる人間を育てることにこそ、その目的は置かれるべきである。だとすれば、そこになければならないのは、友達や教師などとの豊かな交わりであり、コミュニケーションであるはずだ。「いじめは悪い」という当たり前の感覚を身につけること、それを学ぶのが学校なのである。現今の大人社会では、金儲けや人に勝ること、何につけても人より優れた者であることが、価値観の最上位に置かれている。そうであるがゆえに、お金の多寡や能力的・社会的優劣が人間の基準であることをおかしいと考えられる人間に育てるところこそ学校のはずなのである。

私の大学のゼミには、こんな学生たちがいる。子どもの頃、自閉症の友達がいて中学までは同じ教室で学んでいたが、高校からは道がわかれた。そのことを考え続け、あの友人のような障がいのある子どもたちの先生になろうと、高校生の頃から考え続けてきたという者。大好きなおばあちゃんが認知症になり、その世話に家族としてかかわる中で、介護職を生涯の職業として選ぶことを、中学生のときに決意したという者。社会の価値観は多様であってよいはずである。だが、一般社会ではその多様性がなかなか認められないのが実情だ。そんな面倒な子どもを相手にするより、普通の子どもたちの教師になったらどうか、介護職は3K労働で低賃金の仕事だよ、学生たちにはそんな声が家族を始め周囲から浴びせられるだろう。いわゆる「世間の知恵」が、若者が「生き方」を選びにくい社会にしている。多様な生き方を模索する人間を育てること、これが教育の根幹に置かれるべきだが、現実にはそうなってはいない。津久井やまゆり園事件は、こうした学校教育のあり方の問題性を私たちに突きつけているのだ。

あの事件を経験した後、私は小学校、中学校、高等学校の教師や児童生徒を前に講演や授業を繰り返した。「人権教育」や「福祉教育」についてである。そこで、教師たちに問うた。「津久井やまゆり園事件について、授業で取り上げた先生、授業でなくてもホームルームなどで子どもたちに問いかけた先生はどれくらいおられますか」と。参加した教師の何人かは、事件に強い関心を寄せ、子どもたちに自らの考えを伝えようとしたのではないかと思ったからだ。だが、一人として手は上がらなかった。話が終了した後、何人かの教師に直接尋ねてみた。「なぜ、子どもたちにあの事件を語らないのか」と。するとほとんどの教師は、どのように話すべきかがわからないと答えた。

福祉教育に関心をもつ教師たちのうち、ただの一人も授業で取り上げていないことに、私は驚いたが、話し方がわからないという、その理由にいっそう驚愕した。さらに問うと、答えは障がい者のことを知る機会がなく、安楽死や優生思想についても聞いたことのない子どもたちに、話し方によっては混乱が起こると考えたから、教育委員会から特に授業で取り上げるように言われていないから、などなどだった。福祉にかかわろうとする者にも、あの事件が自分自身の関心事になっていないのだ。後日、ＮＨＫの記者があの事件について聞きたいと私を訪れた。記者は取材をしていて、普通学校であの事件について子どもたちに話したという教師がいた学校はなかったと語った。ただ一つの例外として、特別支援学校高等部の学級で、担任がこの事件を取り上げて、話し合った学校が一校あったのみであったという。

私はあの事件後、担当する大学の授業で計画していた年間のシラバスの内容を変更し、この事件を取り上げた。四科目すべての授業と、ゼミでは数回にわたり、角度を変えて資料を読み合い、話し合った。伝えるべきこと、考えるべきことは、実にたくさんあった。そのつど、いずれも大きな手応えがあったが、この事件にはらまれている問題はもちろん一部の専門家や関係者に限られることではないだろう。

昨年〔二〇一八年〕一一月に、近隣の小学校で行った「福祉の授業」でもこの事件を取り上げた。小学四年生一二〇人に向かって話したその内容について、終わった後に担任の先生たちからこう感想を告げられた。あの事件についてどう語るべきかがわからなかったが、子どもたちに語ってくれた今日の話で学ぶことができた、私たちも授業を受けた、と。

社会全体がこの事件を、自分自身のこととして受け止めていないことは、今年の重大ニュースの片隅にしか入っていないことなども示している。今の学校に何が足りないのか、教師の感性は一体どうなっているのか。この問題では教師の資質が問われるだけではない。ここに浮かび上がっているのは、「人権教育」や「福祉教育」のあり方の問題であり、そして同時に、「インクルーシブ教育」とは何かという問題なのである。

共生社会の形成のために取り組まれるべき目標の一つとして、「インクルーシブ教育」がある。これに向けては全国的な取り組みがすでに始まっている。障がいのある子どもと、障がいのない子どもを分けない教育が、インクルーシブ教育である。これは障がいのある子どもが学級から排除されることなく、みんなと一緒に学校生活を送ることを目指すものだが、同時に障がい者は自分の担当ではないと考える教師のあり方そのものを変えようとするものでもある。教師は長く、障がいのある子どもを特別な子どもとして、特別支援学級や特別支援学校に入れてきたために、多くはそもそも障がいのある子どもとかかわった経験がない。そのことが教育という場での障がいへの対処は別の課題であるという考えを固定させてきてしまったのだ。まず、そこからの脱却が望まれる。学級に障がいのある子が普通に在籍するような状況が生まれれば、学級の雰囲気は大きく変わる。子どもより、まず教師が変わっていく。インクルーシブ教育という目的に向かう第一歩は、共生社会の実現に向けた教師の意識改革なのである。

(1) 優生思想とは何か

優生思想とは、国民の健康増進を図ることを表向きの目的とし、その背後に、遺伝性の病気や障がいのある者は社会や国家に負担をかける者と規定して、隔離や断種、安楽死をも肯定する考え方である。アメリカでは、優秀な人間の出生奨励の背後に、障がいの遺伝性が強調され、隔離や断種が実行された。よく知られているのは、ナチス・ドイツによる事例である。「遺伝病子孫防止法一九三三年」に基づいて、四〇万人もの人たちの不妊手術が実施され、二〇万人にのぼる人たちが安楽死させられた。この障がい者抹殺は、劣性遺伝子の社会的な排除という考えによっており、これはそのままユダヤ人虐殺に結びついている。

戦後、ナチス・ドイツのホロコーストが知られると、国連や世界各国は二度とこのような人権侵害を起こさないために、さまざまな施策を講じるようになった。だが、一九九七年には、福祉国家のモデルであったスウェーデンにおいて、長期にわたり障がい者の不妊手術が行われていたことが判明し、世界に大きな衝撃を与えた。本人の同意による施術ではなく、親や兄弟、親族の同意のもとにであったという。このニュースに次いで、日本でも同様のことが行われていたことが判明し、障がい者の人権侵害の実態として明らかにされた。日本では戦後、優生保護法によって、本人の同意なく、強制不妊手術が合法的に実施されていた。「社会に迷惑をかけない人間」の育成が、このような障がい者差別・抑圧を生んだのである。

スウェーデンでは、一九三五―七六年にわたって、日本では一九四八―九六年の長期にわたって、これが実態であった。障がい者の人権にようやく光が当たるようになったのは、ごく最近のことであることにあらためて気づかされる。

日本では、人工妊娠中絶が身体的理由、経済的理由、または暴行脅迫等による望まない妊娠に限定して合法化されるに至っている。そしてここでも、出生前診断で胎児に障がいがあった場合に中絶を認めるか否かという問題は棚上げされたまま、今日に至っている。この問題は、出生前診断の簡便さにより、さらに障がい者の生存を脅かしかねない状況を生んでいるのである。

さらに、こういう問題もある。今日の「当事者の自己決定」を尊重するという流れは、国家や社会に代わって、自己決定の名の下に障がい者差別を進行させる恐れがあるという現実である。自己決定できない（と思われている）障がい者に代わって、誰かが決定すべきだという考え方である。重い知的障がい者、すなわち言葉のない人たちに代わって決定しなければならない、あるいは言葉のない障がい者に意思はなく、誰かが代わって決定することは当然であるとする考え方である。言葉がないとは、話すことができないという意味だが、話し言葉のない人は人間としての意思をもたないとでもいうのだろうか。

著書『障害者殺しの思想』[1]で、障がい者がなぜ殺されなければならないのかについて、横田弘さんは次のように語る。

親が子を産む、或いは産もうとする、これは種の保存、言い換えれば自己拡大の意識の表れに他ならない。親は子に「己」を見るのである。己の過去と未来を同時に子の中に見るのである。己の飽くなき願望と期待とを子の可能性の中に見いだそうとするのである。この場合、子は未来と己を繋ぐ「虹の橋」なのだろう。
障害児が生まれたということは、障害児を産んだということは、「虹の橋」の崩壊であり、己の崩壊なのである。己が信じてきたものの一切が崩れ去っていくことを知ったとき、人はどのような状況に落ちて行くか、これはもう、私が言うまでもあるまい。
では、なぜ障害児を産むことが己の崩壊に繋がっていくのか。……資本主義社会にあっては、生産活動のできる人間だけが「存在価値」があるのだ。このような社会的価値観を抱えた親たちにとって、耐えられないことなのだ。

右半身にマヒがあることが、ビッコをひいて歩くことが、言葉が不自由ということが、それがなぜ、いけないのだろうか。それがなぜ、気味が悪いのだろうか。なぜ、パタンとドアをしめられなければならないのだろうか。健常児たちは、障害児を知っているのだろうか。障害児が、人のナカマだということを知っているのだろうか。

横田弘さんは、脳性マヒ者の組織「青い芝の会」神奈川連合会会長職にあった。障がいによる差別を糾弾し、障がい者の権利擁護に努めた人である。彼の生前、私は神奈川県教育委員会に在職していて、何度も彼の意見を聞く立場にあった。時には糾弾の場に立たされたこともある。私自身は、障がい者が社会にあって差別や排除にどれだけ苦しんでいるかを、教育の場を通して見てきた。それだけに、彼の意見には共感するところも多かった。

「青い芝の会」の行動宣言には、強い主張がある。現代社会にあって「本来あってはならない存在」とされている立場を認識し、次のように主張する。

・われらは自らがＣＰ（脳性マヒ）者であることを自覚する。
・われらは強烈な自己主張を行う。
・われらは愛と正義を否定する。
・われらは問題解決の路を選ばない。

これらは戦闘的な姿勢を示している。そしてその背景にあるのは、社会の役に立たないとされていることへの強い反抗心である。それは、障がい児を殺した親を許そうとする社会の考え方への糾弾から始まっている。殺された障がい児より、加害者の親に同情する社会であっていいのか、と問うのである。さらに、養護学校の義務制への反対を強く表明している。これは障がい児が地域の学校から排除されていくことの問題点を浮かび上がらせた問いなのである。

私自身は、養護学校の義務制反対に対しては強く共感するが、これに全面的に賛成というわけではない。障がい児としての居場所を必要とする子どもたちがいる。どんな場合であれ、すべて通常の学校・学級で教育することが正しいとは思わない。インクルーションは重要な理念だが、それを達成するにはさまざまな課題を乗り越える必要があるのだ。さらに、愛と正義の名の下に起こされる切り棄てや不正義という問題の存在もよくわかっている。しかし、差別反対の声を受け止め、一緒に活動し、動き回る人々の熱い思いがあることも事実である。人に具わる愛や正義に期待したいと願い、差別や排除の現場にいても、なお人の愛や叡智を信じたいと願う。この問題については、さらに第四章で触れたい。

青い芝の会の人たちが提言したことは、今日、どれだけ実現されているのだろうか。差別や排除は過去のものになったのであろうか。障がい者が、「人間のナカマ」として受け止められているのだろうか。

日本社会に、戦後七〇年を経てもなお強く残る優生思想の存在は、人権とは何かという問いを私たちに突きつけている。むしろ、共生社会を阻むものの根底に潜むのは、この優生思想ではないだろうか。人の奥底にある「他者より優れたものでありたい」という願望こそが、共生社会を拒む原因ではないか。人間とは平等であることに耐えられない存在であるということが、共生社会の実現を阻んでいるのではないか。人は理想に生きられない弱い存在であるというある種の信憑が、共生を拒否させるのではないか。

津久井やまゆり園事件に衝撃を受けて、障がい者団体や社会福祉士協会などが声明文を発している。日本社会にある「障がい者差別」や「優生思想」の土壌に目を向け、社会全体がこの問題に正面から取り組み、二度とこのような事件が起こらないようにすることを願ってのことである。神奈川県は、この事件を受けて一〇月一四日、「ともに生きる社会かながわ憲章」を策定した。

ともに生きる社会かながわ憲章

この悲しみを力に、ともに生きる社会を実現します

平成二八年七月二六日、県立の障がい者支援施設である県立「津久井やまゆり園」において一九人が死亡し、二七人が負傷するという、大変痛ましい事件が発生しました。

この事件は、障がい者に対する偏見や差別的思考から引き起こされたと伝えられ、障

がい者やそのご家族のみならず、多くの方々に、言いようのない衝撃と不安を与えました。

私たちは、これまでも「ともに生きる社会かながわ」の実現をめざしてきました。そうした中でこのような事件が発生したことは、大きな悲しみであり、強い怒りを感じています。

このような事件が二度と繰り返されないよう、私たちはこの悲しみを力に、断固とした決意をもって、ともに生きる社会の実現をめざし、ここに「ともに生きる社会かながわ憲章」を定めます。

・私たちは、あたたかい心をもって、すべての人のいのちを大切にします
・私たちは、誰もがその人らしく暮らすことのできる地域社会を実現します
・私たちは、障がい者の社会への参加を妨げるあらゆる壁、いかなる偏見や差別も排除します
・私たちは、この憲章の実現に向けて、県民総ぐるみで取り組みます

平成二八年一〇月一四日

神奈川県

また、神奈川県特別支援学校校長会は、やまゆり園に赴き、声明文を読み上げた。

声明文――県民のみなさんへ

さる七月二六日未明、相模原市にある障害者施設「津久井やまゆり園」で、一九名の尊い命が奪われ、二七名が負傷するという痛ましい事件が起こりました。被害にあい亡くなられた方々のご冥福をお祈りするとともに、ご家族の皆様にお悔やみを申し上げます。また、負傷された方々の一日も早い回復を願っております。

報道によれば、容疑者は、障害者に対して、人としての存在を否定するような発言をしていたということです。しかし、私たちの実感はこれと全く違います。私たちは学校で、障害のある子どもたちと、日々喜びを感じながら過ごしています。笑顔あふれる日々の活動の中で、子どもたちは成長しています。子どもたちのこうした姿を見ることが、私たち教師の喜びなのです。

私たちは、障害のある人たちがひたむきに取り組む姿や、他の人たちに接するときの優しさや思いやりを目にするとき、そこに人間としての魅力が満ちあふれていることを感じます。障害のあるなしで人を区別する前に、人は障害者である前に一人の人間であり一つの人格である、ということを深く心に刻むべきです。

障害者は人に頼ることの多い人たち、と思われているのかもしれません、しかし、人の手を借りずに何でも一人でできる人間などいない、という当たり前のことに目を向けてほしいと思います。社会生活は、多様な人間一人ひとりが支え合い、助け合うことによって営まれています。お互いに理解し合い助け合うことは、自分たちの持つ力を最大限発揮することのできる社会につながっていきます。障害者の存在を否定するような考え方は、こうした社会を否定することであり、ひいては社会の一員である自分自身を否定することになります。

もし、障害者とその家族に対し、支援が十分いきわたっていない状況があるならば、これを改善するための努力をすることが、社会人としての私たちの使命であるはずです。人権の尊重される社会とは、こうした社会をいうのではないでしょうか。

私たちは、障害とは個々人の問題ではなく、社会の適切な理解と支援により継続的に改善していかなければならない課題である、と考えています。そして、この考え方を、広く県民の方たちと共有したいと思っています。障害者を攻撃することは間違いです。障害者が暮らしやすい社会をつくることが、あるべき姿だと考えます。今回のような事件は二度と繰り返してはなりません。

障害者が安心して安全に家庭・学校・地域で暮らしていくことができるよう、障害者のことをよく知り、障害についての理解を深め、支援の輪を広げていきましょう。そのことは、障害者のためだけではなく、社会に生きる全ての人々の幸せにつながっていきます。誰もが支えあって生きる共生社会をつくっていきましょう。社会のみんなのために、そして自分自身のために。

平成二八年八月一五日　神奈川県特別支援学校校長会

このような憲章や声明文が実行力のあるものとなるのか否かについては、はなはだ疑問である。二〇一八年三月二三日の『朝日新聞』には、今後の施策のために「県民ニーズ調査」を実施し、その結果が掲載されている。「ともに生きる社会神奈川憲章」は、調査の一年半前に作成された。調査の結果は以下の通りである。

①「ともに生きる社会神奈川憲章」を知っていますか。

○知っている　二・八パーセント

○言葉は聞いたことがある　一二・〇パーセント

〇知らなかった　八一・五パーセント

②やまゆり園事件が起きた七月二六日を含む一週間を「ともに生きる社会かながわ推進週間」としていることを知っていますか。

〇知っている　一・九パーセント

〇言葉は聞いたことがある　五・三パーセント

〇知らなかった　八五・五パーセント

③障がい者に対して障がいを理由とする差別や偏見があると思いますか。

〇ある、少しはあると答えた人の合計は、五〇パーセントを越えている。

この県民ニーズ調査の結果にはそれが歴然としているが、津久井やまゆり園事件は、二年も経たないうちに風化してしまったのである。事件の当該県である神奈川県においてすらこのような結果なのであれば、全国ではさらに忘れ去られていくだろう。これほどまでの障がい者に対する意識の低さ、あまりの関心の薄さの背景には何があるのだろうか。

神奈川県では、事件の風化を許してはならないと、共生社会振興課がさまざまな取り組みを行っている。そこでまず問題になるのは、障がい者に対する社会一般の無関心にいかに対応するべきかである。日本社会においては長く、「社会に役立つ人間の育成」に重点が置かれた教育や人材育成が図られてきた。これが、優性思想が日本社会に蔓延する土壌を醸成してきたのだ。こうした土壌を有する日本社会で起こったヘイトクライムである。これは歴史的に培われた日本社会のあり方を明確に映し出した事件というべきである。共生社会とはおよそ正反対の社会が生んだ事件なのである。これを今後二度と起こさないようにするためには、何をするべきなのだろうか。

2 障がい者雇用水増し問題

驚くほかはない、差別的な事柄が起こっている。障がい者雇用について、中央省庁の二七機関で雇用数を水増ししていたことが明らかになった。政府再調査によれば、水増し数は、三四六〇人にのぼるという。二〇一八年八月二六日付けの『朝日新聞』の記事によれば、二〇一七年六月一日の時点で、障がい者の不適切な算入をはずした平均雇用率は、従来の調査に比して一・一九パーセントに半減したという。二七機関で当時の法定雇用率二・三パーセントに届いていなかったというのだ。障がい者雇用の先頭に立つべき国の八割の機関で水増しが行われていたという、これは深刻な事態である。

政府の中枢にいる者たちによる一連の発言はこうである。菅官房長官は記者会見で、「障がいのある方の雇用や活躍の場の拡大を民間に率先して進めていく立場として、あってはならないことと重く受け止めている」と謝罪した。また、国税庁を所管する立場の麻生財務大臣は、「算入できる障がい者の範囲について、解釈の仕方が間違っていたことに端を発している」とコメント

$$\text{障害者法定雇用率} = \frac{\text{(障害者)雇用者} + \text{失業者}}{\text{(健常者)雇用者} + \text{失業者}}$$

し、石井国土交通相は、「ガイドラインを幅広くとらえて計上した」と弁明した。

この問題は中央省庁にとどまらず、都道府県にも及び、二〇一七年六月一日時点での再調査の結果、雇用者数は計上された六八八〇人から六三五八・五人に減少し、雇用率は、二・六八パーセントから二・四二パーセントに減少したという[2]。

法定雇用率とは、障がい者の雇用促進のために一九六〇年に制定され、七六年に雇用が義務化された。この段階での雇用対象者は身体障がい者のみであり、雇用率は一・五パーセントであった。九七年には知的障がい者の雇用も義務化され、法定雇用率は一・八パーセントとなり、さらに二〇一八年には精神障がい者も対象となって、法定雇用率は二・二パーセントに引き上げられた。その数字は民間企業を対象としたものだが、国や公的機関にはそれより高い二・五パーセントを義務づけていた。そして、これには国が先導する役割を果たすという意図がある。

さらにこの障害者雇用促進法には、障害者雇用率を達成しない企業に対しては、一人当たり月五万円の「納付金」の支払いが義務づけられている。ちなみに国及び公的機関には納付金の制度は適用されない。

では、この障がい者の法定雇用率はどのように算出されるのか。その図式は上のとおりである。

この算出方法で問題なのは、障がい者の失業者数である。これについては個別の就労希望調査による正確な調査はなく、障害者手帳によって算出したと、厚生労働省はうそぶいている。障害者手帳には雇用に関する情報は記載されず、この失業者数が根拠のない数字であることは明白である。働きたいという思いをもった障がい者は実際にはもっと多数いるはずで、意図的に数字は低く見積もられていると専門家は指摘する。[3]

法定雇用率二・二パーセントの正当性を検証してみよう。障害者が労働市場で差別なく扱われているのであれば、障害者の労働力率（働きたいと思っている人の人口に占める割合）は日本全体の数値と一致するはずである。この仮定のもとで推測される障害者の労働力人口は、二二六万人となる。これを厚労省の算式に当てはめて法定雇用率を計算すると、四・四パーセントとなる。つまり、二・二パーセントという法定雇用率は障害者の労働力率をかなり過小評価していることになる。

右の中島隆信教授の算出によれば、法定雇用率は意図的にかなり低めに見積もられていることになる。ちなみにヨーロッパの障がい者の法定雇用率は次のようになっている。[4]

・ドイツ　　五パーセント

・フランス　六パーセント

法定雇用率未達成の企業は、「納付金」の支払いが義務づけられているが、これは企業の障がい者雇用に対する準備金や、達成企業のさらなる仕事創出等に用いられることになっている。言ってみれば、障がい者雇用を社会全体が支援するという、いわば「共生社会づくり」の政策のはずである。しかし繰り返すが、この納付金制度は民間企業にしか適用されない。官公庁や自治体には、新たな税金の納付義務を押しつけることになるというのが、政府見解である。これはおかしなことであろう。民間企業には責任を負わせ、公的機関の納付金は税負担になるから適用しないというなら、たとえば国家賠償法による支払いの資源は税金だから、支払わないことが望ましいということにもなる。

障がい者雇用水増しの背景には、障がい者雇用を本気で考えようとしない国や自治体のあり方が存在し、まさにそこが問われているのである。この問題では、障がい者の中に失業者がどれくらいの数、存在するのかを正確に算出し、法定雇用率の改善を目指すことや、納付金制度を国や自治体にも適用し、障がい者雇用の採用枠の拡大と、そのための予算化に努めること、これらが重要である。

さらに、この障がい者雇用の水増しでは、本人に知らせずに、健常者がいつの間にか障がい者としてカウントされていたという事例がある。私の知人である高校の校長は、手術をした経緯だけで障がい者とされていたという。本人に知らせることもなく、障がい者にしてしまう国や自治体の体質は、障がいとは何かという本質的な議論からまったく逸脱したものであり、なお訴訟が続いている「障がい者の不妊手術」にもつながる障がい者差別であると言うことができる。そして何よりも当事者抜きに障がいを決定することは、人権侵害の最たるものである。

私には障がい者の就労に深くかかわってきた経緯があり、その経験からこの問題をさらに考えてみたい。かつて神奈川県の教育センターや教育委員会に私は勤務していて、障がい児の就労支援に取り組んでいた。その過程でこんなことがあった。二〇一二年に『神奈川新聞』が特別支援学校卒業後の就労率の低下を社説で取り上げ、神奈川県ではこれがわずか一〇パーセント程度であり、愛知県の五〇パーセントと比較して、早急に就労対策を講ずるべきことを提言した。当時、教育委員会の障害児教育課長代理であった私は、記者を呼んで県の取り組みについて説明した。

愛知県と神奈川県の就労率の違いの原因ははっきりしている。愛知県では、特別支援学校中学部や中学校特別支援学級の卒業生のうち、特別支援学校高等部への進学者は限定されている。教育的成果が認められるとされた者のみが進学する。その割合は五〇パーセントであり、そうでない者は福祉施設対応となる。一方、神奈川県は、障がいが重くても本人や保護者の希望があれば、高等部への進学を認めるシステムを取っている。インクルーシブ教育を目指す神奈川県であればこその施策である。その結果、入学生の中には重度障がい者も多いため、就労率は低くなる。教

神奈川県特別支援学校高等部年度別就職者・就職率

	2008	2009	2010	2011	2012	2013	2014	2015	2016	2017
卒業生	1015	1016	1116	1203	1276	1325	1426	1450	1551	1588
就職者	258	248	288	277	367	371	420	442	418	464
就職率 %	25.4	24.4	25.8	23	28.8	28	29.5	28.4	26.4	30.4

全国特別支援学校（視覚障害、聴覚障害を除く）高等部年度別就職者・就職率

	2008	2009	2010	2011	2012	2013	2014	2015	2015	2017
卒業生	14966	16073	16854	17707	19439	10576	13492	20532	20882	21292
就職者	3547	3792	4096	4420	5387	5557	3089	5909	6139	6411
就職率 %	23.7	23.6	24.3	25	24.3	28.4	22.9	28.8	29.4	30.1

育の機会均等、当事者主権を重視する教育の結果である。

しかし、就労率の低下は改善する必要がある。さまざまな取り組みの結果、就労率は向上してきている。上の表は、直近の神奈川県と全国の高等部卒業時の就労率の推移である。

神奈川県では就労率が二〇パーセントを越えたのは、一五年前である。その後、二〇パーセント後半を維持しているが、この理由としてはいくつかの要素がある。一点目は、特例子会社との連携によるものである。神奈川県にある特例子会社とはさまざまな連携を取り、就労の向上に努めてきた。たとえば、特別支援学校の職業アドバイザーとして、特例子会社における実践をもとに、実際の授業のあり方についてのアドバイスを適宜行い、企業で働くという観点から作業学習のあり方の検討を重ねている。そこでは、知的障がい者に対す

る指示の出し方、注意の仕方、視覚的手がかりの活用、時間の管理や働く意欲の向上等、実際に企業で働くことを前提に研究会を行っている。進路担当者との研究会や校長会との合同研究会も実施され、就労に向けた環境整備が整ってきたことが、結果的に就労率の向上に結びついてきた。

もう一点は、前頁の表から読み取れるように、特別支援学校の生徒が一〇年間で倍になったことである。特別支援教育の実施に伴って、生徒数が倍増した背景には、発達障がいを始めとする「学校不適応」の生徒の入学が増えたということがある。不登校や非行、外国籍、虐待、貧困、棄て子等に見られる学校生活に適応しにくい児童生徒が、特別支援教育の「個別の教育的ニーズ」に合わせた教育の流れによって、通常の学級から特別支援学級や特別支援学校に押し出されるということが起こってきた。IQ一〇〇を越える知的に高い児童生徒が、落ち着きがなかったり、コミュニケーションに難があるという理由で通常の学級にはいられなくなるということもある。こうした構造的な問題が、特別支援教育の導入によって起きてきたことが、特別支援学級・学校の児童生徒数の増加の要因である。単純に障がい児が増加しただけではない。ここでは知的障がい特別支援学校に、知的障がいのない児童生徒が大勢入学している現状を見る必要がある。神奈川県の教育委員会の調査によると、知的障がい特別支援学校高等部入学者のうち、障害者手帳をもたない者が二〇パーセント、すなわち五人に一人が障がい者ではないという結果が出ているのである。これは最大値であり、その後は徐々に減ってはきているが、知的障がい者ではない生徒の入学が、特別支援学校の過大規模化（マンモス化）をつくっていることを知る必要がある。(5)

このような事情が、就労率の向上につながっている。本来は高等学校で受け止めるべき生徒が特別支援学校に在籍していることに留意しなければならない。

障がい者の就労について、かつては特別支援学校教員や保護者の中には、無理して就労させることはない、障がい者は福祉制度を活用してのんびりと暮らすのがよいという考え方もあった。しかし、たとえ障がいがあろうと社会的自立の一つとして、就労が重視されるようになってきた背景には、「障がい者も納税者に！」というアメリカの社会的自立の考え方が日本でも一つの潮流になってきたということがある。社会的な自立と社会参加が、障がい者にとっても社会全体にとっても極めて重要なのは、障がい者の囲い込みをしないという、「脱施設化思想」に基づく考え方が前提にあるからである。社会の中でみんなと一緒に生きることの大切さを、社会全体が知るということがどれほど大切かということなのである。

知的障がい者多数雇用モデル工場として知られる日本理化学工業の大山泰弘社長は、その著書の中で、ある日、仕事を休みがちになった社員をラインから外して、ベルトコンベアーの傍らで見学させた。最後尾の仕事を担当する彼に、受け取り手のない製品が次々と落下していく様子を見せて、「君がきてくれないと困るんだよ。君はとても大切な仕事をしているんだよ」と話したという。その一言で彼は、自分がどれほど大切な任務を担っているかを理解し、その後はまったく休まなくなったという。

大山社長は、どんな障がいがあろうとも、人に褒められ、人に必要とされているということが、生きがいになるのだという。みんなで協力して働くことは、職場の人間関係において愛されているということを実感することなのだという。だからこそ、福祉の活用よりも、障がい者が職場で生きることのほうが大切だと主張して、多くの障がい者を雇用し続けている。(6)

障がい者の就労への取り組みに、教員も保護者も企業も大変な努力をしている。可能な限りの就労への願いを、関係者全員が持ち続けている。障がい者を受け容れる社会になり、みんなで一緒に生きる社会を目指していればこそである。障がい者雇用を真面目に考えない官僚や行政官の行う政治がまともなものになるはずがない。彼らには、共生社会の実現など、頭の片隅にもないのだろう。

3 ヘイトスピーチ

二〇一五年一一月八日、川崎市川崎区桜本の地域で、デモ隊がヘイトスピーチを行った。一一月一〇日付けの『神奈川新聞』には、次のような記事が載った。

地域の人々の声が差別デモの行く手を遮(さえぎ)った。在日コリアンへの暴力と排斥をあおるヘイトスピーチ・デモが八日、川崎市川崎区であった。デモ隊は在日が多く暮らす桜本地区を通る予定だった。事前にルートを知った地域住民らの呼びかけで近隣や市内外から三〇〇人が集まり、抗議の「壁」をつくった。主催者は直前になってコースを変更し、桜本を通ることはなかった。

デモを先導するワゴン車が街中に暴力をまき散らしていく。「ゴキブリ朝鮮人をたたき出せ」。その声をかき消す「差別をやめろ」の連呼。「いつまでもこの街で共に」。差別・排外主義を拒絶する地域の意思が沿道に掲げられたプラカードに示されていた。京浜工業地帯を抱え、戦前から在日が数多く暮らす川崎市南部にあって桜本は特別な意味を持つ。一九七〇年代から社会福祉法人青丘社が核となり、民族差別の解消に取り組んできた歴史がこの街にはある。民族を理由に入園を断られた子どもを受け入れる保育園を設立し、学校で孤立する在日の居場所をつくり、一世のハルモニ（おばあさん）の福祉も手がける。市が掲げる多文化共生の街づくりを地域で先取りしてきた。

雨中の午後二時過ぎ。「川崎に住むゴミ、ウジ虫、ダニを駆逐するためにデモを行います」。公園に集まった参加者は一四名。これに対し、約三〇〇人が抗議のために公園に、沿道に、桜本の街の入り口に立った。

遠く茅ヶ崎や平塚から駆けつけた人もいて、デモ隊は抗議者たちの勢いに押されて、コースを外れていった。

ここ数年、「在日特権を許さない市民の会」によるヘイトスピーチ（差別扇動行動）を目的としたデモや街宣活動が、全国各地で社会問題となっている。

川崎市は、多文化共生をテーマにした政策を打ち出し、その取り組みがヘイトスピーチの格好の標的となっている。川崎市議会でもヘイトスピーチ対応策を提案しているが、「ヘイトスピーチ禁止」の実現にまでは至っていない。彼らの主張に近い考えをもつ政治家がいるためである。差別より言論の自由を重要視する人々。彼らには何を優先すべきかという真理問題より、そのことがどのような利益をもたらすかという「利益論」が基準になっているのだ。

私は、川崎市の桜本にある小学校に講演や授業研究で呼ばれる機会がある。その校長はヘイトスピーチが桜本にやってくることに大きな危惧を抱いていると、次のように語った。「学校では共生教育を教育目標に掲げていて、他民族理解の取り組みを重点的に推進している。桜本地区はもともと朝鮮人の多住地区であったが、現在はフィリピン、タイなどのアジア人、ブラジルやペルーなど中南米の人々が大勢住んでいる。言語も、何カ国語もの挨拶を子どもたちは学んでいる。実際近くにある桜本保育園では、八カ国語の挨拶文が教室に張り出されていて、幼少期の教育から多民族共生に取り組まれている。民族や言語、習慣が違っていても、同じ地域に暮らす『ナカマ』として、助け合い、支え合って生きることを学んでいるのである。このような取り組みをしている地域で、『朝鮮人は出て行け』『朝鮮人は死ね』というヘイトスピーチが行われ、場合によっては暴力沙汰になることも懸念される。共生の町の取り組みを破壊させることは、教育者として許しがたいことだ」と。

差別や偏見は、「知らない」ということから起こる。身近に障がい者に接したことのない人は、初めて会った障がい者に拒否感をもつ。皮膚の色の違う人が近寄ると不安を感じる。それは無知のなせる業(わざ)である。幼少期から他民族理解を育むことは、歴史的・社会的につくられた差別感情を払拭させる。その教育が踏みにじられていることに、この小学校長は憤るのだ。

この地域には「ふれあい館」があり、民族、障がい、年代、性別を超えて、「共に生きること」を目指す取り組みが行われている。ヘイトスピーチは、教育の場だけでなく、地域社会が目指そうとしている共生の価値観に対する否定でもある。

このような民族差別の背景には何があるのだろうか。特定の民族に対する蔑視や差別は、どのようにして起こるのだろうか。それは一言でいえば、歴史において、また社会の中で醸成された差別感情が、何ら検証され反省されることなく続いているということである。そこにあるのは「社会的成功者」の思惑でつくられる社会だということなのである。理不尽な差別感情はまた、ナショナリズムの煽動によっても支えられている。「二流市民」「三国人」という言葉は、純粋な和人(日本人)こそ世界に誇れる民族であるという主張に基づいている。日本人としての誇りよりも、人間としての誇りを持ち続ける方を選ぶべきではないか。日本と日本人という民族の枠ではなく、地域社会に一緒に暮らす「市民として」を基盤とし、そこで生きる者たちが、共に生き、共に支え合うような国を目指すべきではないのか。

ヘイトスピーチの背景には、外国人の特権があるという。朝鮮人の特権など何もないどころか、歴史の尾を引きずって、今もなお残る差別の構造から、日本で生きる朝鮮人であることの不利益のほうがよほど大きいことは自明であろう。ところが、日本における民族差別の構造について、これを日本社会の貧困問題と関連させて論ずる人たちがいる。外国人によって日本人の職業が奪われてしまうから、日本人が貧しくなるという考え方である。これは昨今のヨーロッパ、アメリカにおける難民排除の問題にもそのままつながるが、かつては底辺で働く労働力の不足から大量に移民を受け容れておきながら、状況が変われば、そんな歴史には目をふさいで移民・難民排除の気分を巧みに煽るのだ。

現在の日本の、とりわけ若年層の貧困問題の根は、まずなりよりも政治の無策にあるだろう。だが、政治が若者の貧困の問題に取り組んでいないというより、放置しているのには理由があるということかもしれない。世界を覆っているグローバル化、国境を越えて富が一点に集中するという極端な格差の拡大の中で、常に勝ち組に乗ろうとする為政者によって、この貧困問題は利用されている節がある。社会的に不満をもつ人々を煽り、社会不安をことさらかき立てることによって、民族意識の高揚を図り、近隣諸国との関係性をも難しいものにしていく。これが一つの統治の手法なのだとしたら、あえて解決に取り組まないという方策をとるのもむべなるかなである。

若者の貧困という現実についていては、二五年間にわたってかかわってきたホームレス支援の中から、私はその具体例をいくらでも挙げることができる。二〇代のホームレスから知らされた、一度失敗したら再び浮上することは難しい社会の厳しさ、親の死亡によってホームレスになった三〇代のひきこもり青年の当面する現実など、きちんと向かい合いさえすれば、これらの問題に打つべき対策はいくらでもある。税の再分配で若者や子どもの貧困に対する方策が講じられないのは、大企業優遇と防衛費拡大の政策が続くように、「国民の生命と財産を守る」の看板に隠れて、あいも変わらぬ「富国強兵」政策がとられているからである。高齢者優遇制度と称する税金のバラマキは、わかりやすい選挙対策で、いかに一部の富裕層にだけ政治の目が向けられているかを証すものだ。このままいけば、若い世代の不満がどのようなかたちで爆発するかわからないという状況にあっても、それを外国人差別という水路に導いて解消しようという、弥縫策をとるだけだ。いっそう不安を煽り立て、操作しようとする政治は、どんな時代も危険な出来事を喚び起こす。

ヘイトスピーチがなくならないのは、政治状況がそれを必要としているからである。

川崎市ふれあい館副館長を務める崔江以子(チェカンイジャ)氏は、ヘイトデモに抗議しに行くと、参加者が写真や動画を撮影し、それをネットにあげて「反日朝鮮女」などと罵倒されるという。確信犯的に差別を楽しむ人たちが、今も一定数存在することは確かだと、彼女はいう(7)。

株の取引にうつつを抜かしていた中学校校長は、ある席でこう言ったものだ。「朝鮮人はそれほど日本が嫌なら、出て行けばいい」。この人が校長を務める中学校には朝鮮人の生徒が少なからずいた。教育者にすら、彼らが日本で生活する苦しみをまったく理解しない者がいることには、驚くばかりである。

校長室に旭日旗を置き、祭日には校門に掲げた校長がいた。この人は、差別や排除の事例に、教員時代に出会ったことがないのか。百歩譲ったとしても、子どもの苦しみを正面から受け止められない者が、教師になることは許されない。

第二章　キリスト教会と障がい、そして共生

1　現代の教会の共生と排除

西洋の障がい児教育は、キリスト教信徒によって担われてきた。そこに至る経過の中には、拡がっていた障がい者無用論に対して、障がい者をあくまでも一個の人格と見なし、教育が可能であると信じる人たちの努力があった。養護学校の出発点は修道院にあり、神父たちが障がい者の教育や介護に当たったことが記録されている。だが一方で、その時代の社会にとどまらず教育の現場にすら、障がい者に対する偏見や差別は至るところにみられた。ここにある落差の意味するものとは何であろうか。

今日、ろう学校の教育では、手話を言語、すなわちコミュニケーション手段として教えている。しかし、手話が聴覚障がい者の言語であることを認めない時代は長く続いた。一八世紀後半になり、手話に光が当たるようになって一〇〇年も経たないうちに、再び口話法が用いられるように

なる。ここでは、口話法か手話法かという問題を検討する前に、歴史的にろう者がどのように遇されてきたか、どのように教育されてきたかについてまず見ておこう。

ろう者の教育が論議される以前、ろう者は社会においてどのように位置づけられてきたのか。蔑みをもって「余り者」と呼ばれ、社会には居場所をもつことができなかった人たちである。一六世紀半ばまで、不当な法律によって、ろう者は知的障がいや精神障がいと同一とされ、その教育などおよそ寝ぼけた話とされてきた。社会から彼らを拒絶し、排除することが正当化されたのである。カトリック教会は、ろう者や知的障がい者など、表出言語（話し言葉）をもたない者には、教会の門を開かなかった。言葉のない者は神より出でし者ではないと考えられていた。大多数の哲学者や神学者は、ろう者はいかなる理性や信仰をもってしても、創造主との関係性を断ち切られた存在として捉えていた。ろう学校を開設したシャルル・ド・レペ神父は、彼の時代にあっても聾唖の子どもたちは三歳になる前に殺される国があったと語っている。しかしこうした歴史的現実に対して、キリスト教啓蒙思想と博愛主義の影響によって、ろう者に人権が与えられたと言えるのであろうか。キリスト教は残念ながら万能ではなく、無謬でもない。むしろ、歴史的にろう者を差別する側に回り、傷つける役割を果たしてきたという事実がある。

ボルドーろう学校の校長であったシカール神父は、次のように述べている。(1)

> 聾者は単に歩く機械であって、その身体の構造は動物のそれにも劣っている。……コミュニ

ケーション手段を持たないがゆえに、感覚印象は移ろいやすく、心の中には何も残らない。……道徳性については、あらゆるものを自分のものだと言い張り、いささかの理性的配慮もなく、暴力的な衝動のみに突き動かされる。

ろう者は聴覚に障がいがあるだけで、あらゆる点で他の人々とまったく変わらない存在である。それをかくまで貶めるのは何故か。神は、被造物を良きものとして創造した。しかし、聴覚という一点を欠いているがゆえに、彼らを神から遠い者と捉えた。そういうことではないのか。聖職者である者が、否、そうであるからこそ、言語をもたないろう者への特別な蔑視があったのではないか。その背景には、言葉に対する特別な賜物意識がうかがえるのである。

皮肉なことに、トラピスト修道院では口を開くことは厳禁されていたという。身振り言語によってコミュニケーションをとるべきことが、厳格な戒律として記されている。すべてを知っておられる神の前で、人の言葉は無用である。この考え方は、人の言葉が己れの高ぶりを示すものとみなされたことを背景としている。かつての修道士のほうが、言語とは何かをよほど深く理解していたと言えるのではないか。

手話は、教育以前の子どもたちが自然に身につける言語である。しかし、ろう学校では長く口話法が教えられてきた。口話主義がその頂点に立ったのは、一八八〇年ミラノ国際聾教育者会議の決議においてであった。ろう者の社会復帰を図ることを名目に、「手話の排除」が宣言されたのである。そのとき、グラハム・ベルは「純粋口話主義の勝利は、淘汰という自然法則の貫徹である」として快哉を叫んだと言われている。ベルはろう教師であって、聴力検査の発明者、そしてその副産物としての電話の発明者として知られている。

ベルはろう者同士の結婚によってろう児の出生率が高まることを危惧し、「聾者という人類の変種」が形成されつつあると警告する講演を行っている。ろう者同士の結婚を禁ずる社会政策の必要性を説いているのだ。内容は、まさに優生思想の主張である。この講演は大学や社会から激しい反発を買った。

聾者に対する誤った考え方を膨らませるためには、聾者を聾学校に閉じ込めて人目に触れないようにすることが有効である。彼らの身振り手振りは、それについて知らない人たちには驚きであり、恐怖心さえ引き起こす。(2)

こう述べたベルは、今日ではろう教育の父であり、ヘレン・ケラーの庇護者として知られている。何よりも電話の発明者として、人類の偉人の一人に列せられる人物である。しかし、その根底にろう者に対する蔑視があり、手話を猿まねとして厳しく禁じたという一面がある。ベルの授業では、手話を使用させないようにするため、後ろ手に縛り上げたという。人には神から与えられた言葉がある。これを使わない者を、人とは認めない。言葉を神による賜物と考えたことからくる、この長くまた根深い偏見を生んだ過ちを思う。ベルは今日の言葉でいえば「優生主義者」であり、障がい者への差別意識を抱えて生きた人であった。その事実には、あらためて驚きを禁じ得ない。

そのベルにもまた言葉を、人間を他の動物から分ける「神の賜物」とする意識、すなわち強い恩寵意識が見てとれる。神の思いは、預言者の言葉を介して、また神父・牧師の説教の言葉をもって伝えられ、また聖書に記された文字によって表されている。それを聞くことのできない、読むことのできない者に、どうして神への信仰をもつことができようか。

神学の世界において、「言葉」がとりわけ重要な位置を占めていることは、不思議ではない。神は言葉によって世界を創造し、御子(みこ)キリストは言葉であると聖書に示されている。言葉を理解する者だけが、神とキリストとを理解する者とされた結果、言葉のない者は教会から破門されてきたのである。

よく知られたバルトとブルンナーによる「神の像」論争も、この人間にとっての言葉の意味と、言語化能力とをめぐる論戦であった(本書一七九―一八〇頁参照)。人間本来の能力(言語化能力)によって神認識が可能であるとするブルンナーに対して、バルトは「否!」(Nein!)を突きつけた。この論争で、私の関心を惹く要点は、自然神学論争にはない。「言語化能力」こそが、人間が人間であって猫ではない要件であるとする誤解や無知が、言葉のない障がい者を教会の外に追いやってきた原因となったことをめぐる議論である。言葉を生まれながらの生得的能力と考えるところから、環境によって言語の発達は停滞もすれば進歩もすること、また言葉以外にも意思表出手段はたくさんあることにまったく目を向けず、あまりにも無知であるままであるという問題である。

コミュニケーションとは一般的には、対面する者同士が主に言葉によってお互いの意思や意見を交換し、確認し合う対話を指しているが、それは今日では人間以外の生物による情報交換の発見や、言語を解するコンピュータの登場によって、人間同士の対話という原則は維持できなくなってきている。

コミュニケーションとは、意思の送り手が言葉によって相手にそれを伝え、受け手はそれを解読して意味を取り出すことである。当然そこには言語だけではなく、視線や身振り、表情などの非言語行動によるものも含まれる。それが、相互情報伝達過程と呼ばれるものである。

キリスト教世界で、言葉のない障がい者が教会から排除されてきたのは、言葉のないことが信仰告白を困難にさせると考えられたからである。それと同時に言葉によるコミュニケーションが困難であることは、人間関係の形成に大きな問題を与え、そのように人間関係の成立に難のある者に、神との関係が成立するのかという問いがその背景にある。言葉は人間社会を生きる上で、相手の理解、仲間の理解を円滑にする道具であるが、同時に神との関係も言葉によって可能になるというのである。神の言葉を聞くこと、聖書を読むこと、神への祈りを捧げること、それらはすべて言葉の理解を前提としている。人は言葉によってものを考え、概念を形成し、意思を明確にする。その言葉のない者が、どうやって神との関係に入れるのだろうか、と。

キリスト教世界では、このような疑問が長く、当然のように横たわっていた。ここで問われるべきは、言葉のない人には自らの意思をもちえないのかということである。軽度の障がい者であれば、言葉はなくとも身振り、手振り、サイン言語によって意思を表明できる。では、そうしたコミュニケーション手段すらもたない重度の障がい者には、意思はないのであろうか。

私は奉職した養護学校において、実際に言葉のない障がい児を多く見てきた。そして、彼らとコミュニケーションを取ることが可能であるのを、実体験として知らされている。障がいの重い子どもたちの教育現場には、発語のない子どもたちが大勢いる。しかし、それはうわべの印象であって、実際には一人ひとりが「自分の言葉」をもち、認知力以上の「内言語」をもっていることに気づかされる。いわゆる重度重複障がいと呼ばれる重度の肢体不自由と知的遅れをあわせもつ子どもたちは、音声言語による発語がないため、またその他のコミュニケーション手段もごく限られているため、指導上大きな困難にぶつかることが多い。しかし、その子たちと日常的にかかわる中で、そのような子どもたちから、こちらが課題を突きつけられていると強く感じる場面がある。そんな局面にあってこそ、相手の意思を読み取ることがどれだけ重要であることかを思い知らされるのだ。それのできない教師は、文字通り失格である。

たとえば、まぶたを動かすことで「イエス」と「ノー」を伝える子どもがいる。強く目を閉じることが「イエス」、弱く閉じれば「ノー」という意思表示である。呼気の強弱によって「イエス」と「ノー」を表現する子どもがいる。強く吐き出す呼気に意思を込めて思いを表現する。いずれも教員と児童生徒との我慢強い指導と応答の中から獲得されたものである。この子には言葉が届いている、この子には意思があるし、その意思を発現させたいのだと、心から信じる教師の思いがある。こうして教育とは、まさに祈りそのものなのである。(3)

障がい者と接する多くの神学者や神父・牧師たちは、そこまで相手の心に入り込む努力をしているのだろうか。言葉のない人も人間であり、意思をもっている。それを聴き取ることのできない側に問題があるとは考えないのだろうか。人は人であって物ではない。このことが理解されているのだろうか。

キリスト教会の神父や牧師が、障がい者に対する差別や偏見をもっていてもおかしくはない背景がある。そんな事例を、残念ながら多く見てきた私にとって、そのつどキリスト教とは一体何かを問い続けなければならない際にいつも立たされる。

日本では、明治五(一八七二)年に「学制」が交付されたが、その中に、「廃人学校アルヘシ」と記載されている。西洋の教育事情を視察した福澤諭吉たちが見聞した西洋の障がい児学校を念頭に置いたものである。障がい者を「廃人」という差別語で表現した時代感覚は、その後の歴史においても一掃されないまま、「障がい者は役立たず」の印象を消去することができずに、今日を迎えている。そのような社会通念が、教会の中にまで浸透しているということはないのか。言葉をもつことに、教会が与えている意味が、差別感情を生み出す原因の一つとなっていることを、私たちは知る必要がある。「言葉」に特別な意味を付与する宗教であるだけに、言葉による差別や偏見が生まれやすいのである。

障がい者に対する差別や偏見は、キリスト教会の至るところに見出すことができる。視覚障がい者に対して、「本気で神を信じているのなら、障がいは治るはずだ。そうならないのは信仰がないからだ。真剣に神に祈れば、教会を出るときには、あなたの目は開かれている」。教会でそう告げられた視覚障がい者がいる。障がいを神の罰と決めつけ、聖書の奇跡を信じている人たちの、これが主張である。否、それよりもまず障がいに対する嫌悪感がそのように言わせているのだ。

次に見る事例は、一二億人のカトリック信者を擁するバチカンが、聖職者の子どもへの性的虐待に揺れているという問題である。欧米諸国で、多くの聖職者が性的虐待を行っていたことが明るみに出た。ドイツの教会では過去七〇年に、未成年者への性的虐待の事例が三六〇〇件以上にのぼっていることが公表された。加害の聖職者は一六七〇人で、これは全聖職者の四・四パーセントに相当する。一人で四四人に被害を与えた者もいるという。しかし、ドイツのメディアは教会によって文書改竄がなされた形跡があり、被害実態はさらに拡大する可能性もある、と伝えている。[4]

この問題は過去何十年にもわたって報道されてきたし、カトリック教会の抱える最大の人権問題でもあった。本来、人々の人権を守る立場にあるはずの教会は、過去の軍事的独裁による弾圧から人々を庇護し、移民や難民を受け容れることにも積極的に手を差し伸べてきた。マザー・テレサの例をみるまでもなく、貧しく苦しむ人々のために献身的に仕えてきたキリスト者は数知れない。隣人愛を唱え、博愛主義に立つはずのキリスト教が、どうしてこのような事態を生んでしまうのか。しかもそれを隠蔽し、加害者を擁護しようとする立場をとるバチカンのあり方は、多くの信者から批判を受けるだけではなく、一般の人々の宗教への不信感を強めることにもなっている。

この問題への対応を難しくしている背景に、教会内の改革派と保守派による権力闘争があることも理解できる。それに加えて同性愛や離婚といった現代の問題への対応の難しさもあるのだろう。だが、聖職者の性的虐待は断罪されるべき原理的な大罪である。神の裁きを、一体どのように考えているのか。聖職者自身が神の裁きを畏(おそ)れなくなっているとしたら、信者もまたそのようになっていくとしか言えないであろう。

ナチス・ドイツのホロコーストに際して見て見ぬふりをすることで、暴走させた過去のバチカンは、戦後になってその反省の上に立ち、戦争・暴力に対する明確な断罪を発信、米国とキューバとの国交正常化に寄与するなど、この世のあり方に対しても責任を負う立場を取りつつある。宗教離れが起きている現代社会に対して、それに歯止めをかけるためにも、人権擁護の姿勢に明確に踏み込んでいくことが求められる時代である。そんな中で、このような聖職者による犯罪を許すわけにはいかないのだ。これがうやむやにされるなら、さらなる宗教離れに歯止めがかからなくなるであろう。

2　教会による障がい者の排除

さて、過去においても現在においても、障がい者は教会から疎外されている。私がかかわったいくつかの顕著な事例を見てみよう。

事例1

一〇年前に天に召されたAさんは、アルコール依存症であった。日雇いの仕事（土方）をしていたAさんは、不況になったり、飲んだくれたりしているときはホームレスになる。教会には伝道会の案内を見てやってきた。それから三五年間のつきあいとなる。アルコール依存症であるAさんの存在は、教会にとって大きな負担となった。酔って教会の礼拝にきては大声を上げたり、時には暴れたりする。牧師が教会に住めなくなるような状態も起こった。信者の家に行ってはお金の無心をすることもたびたびあった。私たちに刃物を突きつけたこともある。

当時、桜本教会で伝道師をしていた私は、何とかして彼を支えたいとの思いから、彼のアパートに泊まり込んだこともある。桜本教会の牧師、藤原繁子は、「シアナマイド」という抗酒剤を、朝夕飲ませる日々が続いた。彼が家賃をためてアパートを追い出されれば、新しいアパートを見つけて住まわせることもした。

私たちは、困難の中にあっても彼を見棄てることはできなかった。それは単にキリスト者であるという理由からだけではなかった。彼のアルコール依存症の原因を知っていたからである。彼は東北の山村のお寺の前に置かれていた棄て子であった。その後、養子縁組をした養父母に育てられたが、養父母にその後二人の息子が生まれる。Aさんは家族から疎外されて育ったのだ。中学卒業後は北海道の炭鉱で働き、やがて川崎にやってきた。そして彼は信仰を告白し、洗礼を受けた。彼の洗礼式では、多くの人たちが涙を流して喜んだ。

しかし、飲んだくれてホームレス状態を繰り返していた彼は、こんな生活から足を洗おうと故郷の福島に帰ることを決心した。養母が一人暮らしになっていることを聞いたAさんは、最後に二人で生きることを決め、福島の原発で働くようになる。教会でのお別れの後、牧師は福島県にある教会を紹介し、そこでの礼拝を守るようにとAさんに告げた。

ところが、福島の教会は彼の受け容れを拒否した。酒の問題があることを事前に知らせたことが、拒否の要因となった。そこで牧師は再度、福島に出かけ、Aさんの養母とも会い、二人が助け合って生活している様子を確認した上で、教会を訪ね、Aさんの教会への入会をあらためて依頼した。

しかし、直接訪ねてきた牧師を前にして、その教会の牧師は強い口調で拒否の言葉を重ねた。理由はこうであった。小さな田舎の教会で、アルコール依存症の人を受け容れたら、一般の人たちが入ってこなくなる。信者の人たちも嫌がって教会を離れる。教会では障がい者も含めて、社会的に問題のある人は受け容れないようにしている、と。

結局、Aさんは福島では教会生活を送ることができず、やがて川崎に戻ってきた。彼の口癖は、「俺の教会は桜本だけだ」であった。

田舎と都会の違いはあっても、障がい者、アルコール依存症、前科のある人、ホームレスや貧しい外国人を受け容れる教会は少ない。否、ほとんどないと言えるだろう。地の果てまで伝道するようにと言われている教会が、人を選別して伝道するという現実をどう考えたらよいのか。

事例2

自閉症のBさんが洗礼を受けたのは、三一歳の時である。地域の保育園の保母をしていた信者が、かつての教え子であったBさんを教会の礼拝へと誘ったのがきっかけである。重い知的障がいと自閉症を抱えた青年が、休むことなく何年も礼拝に通ってくるのを見ていた藤原牧師が、洗礼について本人と母親に尋ねた。洗礼を受けて教会員になり、一緒に生きましょう。その言葉を聞いて親子は、喜んで洗礼を受けたいと応えた。

Bさんの洗礼式は感動的であった。言葉を理解することが難しいBさんは、誓約の言葉が理解できない。そこで牧師はこう言った。「あなたは教会が好きですか？」キリストを信じますかという質問はわからないと考えたからである。教会はキリストの体である。キリストの体が好きであることは、キリストを信じていることになる。Bさんはこう答えた。「教会、大好きだよー」自閉症のBさんは、質問に対してエコラリア（反響言語）で、反射的に質問と同じように答えると私は思っていた。だが、そうではなかった。彼は自分の思いを込めて語ったのだ。そのことにも一同は感動した。Bさんにそう言わせる方が臨在している。みんな、それを感じとった。

それから数年たって、地域の教会の牧師と話をしていたとき、Bさんの話が出てきた。その教会の保育園は、統合教育を行っていて、Bさんの通っていたところであった。私は自閉症の青年が洗礼を受けたことを話した。その保育園の出身であることを、現在園長を務めている牧師に伝えたいと思ったからである。洗礼式の様子を話したところで、その牧師はこう言った。「洗礼は水に浸ったものが、新たに生まれ変わることを意味している。そのことが理解できない障がい者には、信仰はもてない。教会が好きで通っていることは、信仰とは関係がない」と。

その教会には障がい者は一人もいない。信者の家族に障がい者がいても、一人も受け容れていないという。言葉のない、理解力のない障がい者には信仰はもてないというのだ。私はこのような理解そのものが、神学校や教会で教えられてきたものなのだと悟った。教会は障がい者を信仰がもてないものとして切り棄てている。これを差別や排除と言わずして、何というのか。

事例3

二〇一二年に、私は『ホームレス障害者――彼らを路上に追いやるもの』（日本評論社、二〇一二年）という本を出した。教会に通ってくるホームレスの人々の中に、障がいのある人が大勢いることに気づいたからであった。その本では、教育や福祉の問題点を指摘すると共に、桜本教会がこの人たちを受け容れていることを示した。多くの教会で取り組んでいる「ホームレスの人々への炊き出し」ではなく、教会の礼拝に迎え入れ、一緒に神の言葉を聞き、一緒に神様からの食事をいただき、交わりの時をもつことを行う中で、障がいのある人たちを知ったからである。二五年間のホームレス支援活動を通して、知的障がい、肢体不自由、視覚障がい、聴覚障がい、発達障がい、精神障がいなど、実に大勢の障がい者がいることに気づいた。二五年間で、おそらく川崎のホームレス二五〇〇人ほどの人とかかわってきた。私は障がい児教育を専門とする教師でもあり、教育センターでは「障がいのアセスメント」について学んできた経緯がある。障がいのある人たちと深くかかわってきた経験から、それを本にまとめたのである。

『ホームレス障害者』は反響を呼び、三紙の新聞書評欄で取り上げられ、版を重ねた。本を読んだ読者からたくさんの手紙や電話をいただいた。その内容は、ほとんど同じものと言ってよかった。それは、自らも障がいのある読者からの以下のような通信に代表される。桜本教会では障がい者が教会の中心にいて、みんなと一緒に教会生活を過ごしている。しかし、手紙の書き手である読者たちは、それぞれ障がいを抱えて教会に通っても、教会からはまるで相手にされない。

ある人は二カ月、教会に通ったが、牧師からはこう言われたという。「ここでは、あなたにしてあげられることはないから、他の相談機関に行きなさい」と。ある人は、教会で口をきいてくれる人が誰もいなくて、「教会に行くと孤独を感じる。行けば辛くなるからもう行かない」と。またある人は、「教会の看板にある『すべて重荷を負う人は私のもとに来なさい。あなたがたを休ませてあげよう』を見て教会に行き始めたが、しばらく経って牧師から、ここでは話し相手はいないからもう来ないようにと言われた。そのことを主治医に話したところ、宗教は言っていることと実際とはまったく違う。教会に行けば傷つくだけだから、もう行かないように」と。

　このような相談と言うよりも、苦衷（くちゅう）を込めた訴えが私のもとに届いた。教会が傷ついた人々を拒絶する。障がい者の理解には、特別な知識や技術が必要なわけではない。教会に行くのは、社会ではそうではないが、教会なら人間扱いしてくれるだろうと信じてのことである。また人の温もりを求めて教会に行く。それは神様の招きなのだ。しかし、牧師や神父たちはそう考えない。

　牧師や教師に向かって、私が桜本教会の経験を話すと、決まってこう言われる。「あなたは障がい児教育の専門家であり、対応についてもプロである。私たちはそうではない、素人なのだ」と。それは違うと、私は反論する。障がい者を特別な人たちとしているその見方そのものが間違っている。たとえば、普通学級に障がい者を迎え入れる教師には、障がい児教育の専門性など求められるわけではない。一人の児童生徒として迎えるというそのことが、教室での共生の雰囲気をつくりだしている。私は障がい児教育の専門家だが、何かを指導する場面における専門家であって、一緒に同じ空間を過ごす仲間として存在すること、そこには何の専門性も必要ない。しかし、私の言葉を理解する人たちは少ない。教会は、差別や排除をしてはいけないところであることを頭ではわかっていても、しかし障がい者は別だ、ホームレスは別だ、ということになる。来るべき共生社会のあり方を考え、実践して行くには、教会はあまりにも脆い。苦しむ者を受け容れてきた経験のなさが、インクルーシブ社会の実現に向けての「抵抗勢力」をつくっている。国際的な流れを受けて、インクルーシブ社会の実現が必須の課題となっている現在、キリスト教会はそれに対する抵抗勢力で終わってしまうのか。一部の裕福な知的階級の人々に心の支えを与えるだけのものでよいのか。教会はキリストの共生を身につけ、生まれ変われるのだろうか。

3　共生への祈り

二〇一八年、障がい者週間の集い、「障がい者、平和をつくり出す人々」。

> 神さま、私達みながイエス・キリストの体である教会の交わりに共に招かれていることに感謝致します。あなたから計り知れない命の恵みを与えられながらも、差別し合ったり、偏見を持って互いを受け入れることができずにいます。

権力や武力などの強さに頼り、経済優先の考え方によって人間の価値を決める社会や教育、偏見にゆがんだ習慣をつくり出してしまっている罪をお赦しください。

どうか私達があなたのみ言葉に従い、声なき声にも真に耳を傾け、互いに聴き合い、差別のない社会を作り出してゆくことができますように。知恵と勇気と信仰をお与えください。

ことに「障がい」を負う人々と共にイエス・キリストの和解と平和の福音を伝え、全ての人々が生きる喜びを見出すことのできる社会を作って行くことができますように。

私達の主イエス・キリストのみ名によってお祈りいたします。アーメン

二〇一八年、障がい者週間の子どもの祈り。

神さま。わたしたちをあなたのあいする子どもとしてくださって、ありがとうございます。わたしたちは、みんな神さまからあたえられた大切ないのちとからだをもっています。でも、ひとりであるくことができない人がいます。友だちとはなすことのできない人がいます。こえがきこえない人がいます。目が見えない人もいます。

どうかわたしたちがあるけない人の足となり、はなすことのできない人の口になり、きこえない人の耳になることができますように。イエスさまはわたしたちに、「光の子としてあゆみなさい」といわれました。どうか、わたしたちがこの世界を明るくてらすひとりとひとりとなって、おたがいをかがやかすことができますように。みんなでいっしょにたすけあって生きるために、イエスさまのやさしさとつよさをください。

イエスさまのおなまえによっておいのりします。アーメン。

第三章　「地の果て伝道」から「人の果て伝道」へ
――福音宣教と社会福祉の相克――

キリスト教の伝道とは、主イエス・キリストの派遣に与ることである。これに与る者は、自分自身の生活をもってイエスに応答していくことが求められている。「父がわたしをお遣わしになったように、わたしもあなたがたを遣わす」(『ヨハネ福音書』二〇章21節)。

福音の宣教は、人の内的・外的な囚われからの解放を知らせるものである。しかし、キリスト教の歴史においては、福音の宣教がさまざまに解釈され、時にはまったく別の顔を現すときもあった。キリスト者である皇帝の率いる十字軍が異教の民族を征服し、彼らに洗礼を強制したこともある。白色民族は、アフリカやアジアの人々を「キリスト教文明」の力で征服し、植民地支配を打ち立てた。伝道の道は、血と涙に、搾取と奴隷売買に結びついた。それはイエスの福音ではなく、それを騙った権力の道であった。このような過去を良心の重荷として覚えておかなくてはならない。

一方で、キリスト教における社会福祉への取り組みは、原始教会においてもすでに明確に現れている。「隣人愛」や「博愛主義」による貧民救済と、慈善活動としての「施し」は、キリスト教が世界に進出していく過程においても、重要な取り組みとして評価されている。福祉や障がい児教育の分野においても、その出発点は中世の修道院であったことが歴史的に明らかにされている。

日本でも、明治期にキリスト教会が貧民救済と福祉活動、教育全般の先陣を切ったことは周知の通りである。戦後、たとえばカトリックの上智大学やプロテスタントの明治学院大学に社会福祉学科が設置され、福祉の専門家養成が開始されている。キリスト教の「奉仕」の精神が、社会福祉の根底にあると信じたからである。その後、福祉の根底に奉仕が位置づけられないまま、多くの大学に社会福祉学科が次々と誕生した。

しかし、キリスト教の社会福祉へのかかわりは、元来宣教にその目的があった。日本にミッションスクールが設置されたのは、キリスト教信徒の若者の教育と同時に、未信者への宣教がその目的とされていた。

本章のテーマは、キリスト教における福音宣教と社会福祉の接点を探ることである。元来、キリスト教は福音宣教を最大の目標として掲げている。それと並行して、「他者への奉仕」としての社会福祉活動に取り組んでもきた。この両者は、併存しうるものなのだろうか。そのことを検討する上でポイントとなるのは、インクルージョン（包み込み）の視点からこの両者の相克をいかに理解するかということである。

1　福音宣教と社会福祉

キリスト教の中心的課題は、福音宣教と奉仕活動である。この二つのテーマは、キリスト教を世界宗教へと導いた原動力であった。

ユダヤ人社会では、生産手段をもたないやもめや孤児の世話を、地域の共同体全体で行っていた。『申命記』には、三年目ごとに収穫の十分の一を貯えて、寄留者、やもめ、孤児などの貧しい人々のために用いることが、律法によって厳格に規定されていた。初代キリスト教会は、ユダヤ人社会の貧しい人々への支援システムを実践していた。

その実践を担った人々は奉仕者（ディアコノス）と呼ばれ、公平さを具えた、責任ある立場の人々が選ばれた。こうしたシステムが、その後の教会の奉仕活動に大きな影響を与えていく。奉仕者とは、今日で言う「福祉の専門職」である。ディアコノスは、神の前で奉仕を行う者であり、信仰と真実に立つことが求められた。彼らは奉仕の仕事だけをしていたのではなく、伝道に従事し、民衆の前で証（あかし）をするなどのキリスト教の布教活動にも取り組んでいた。その中の一人、ステファノは、殉教に至った人として知られている。初代キリスト教会では、宣教と福祉の二つの側面を具えるのが基本的なこととして、教会内に認知されていた。この二面性を維持し、展開することが教会の果たす使命であった。しかし、歴史を経るにしたがって、本来相互に重なり、内包し合っていたこの二つの方向は、二元化されていく。

原始キリスト教会は、ローマ帝国全盛の時代状況にあって、終末思想に根ざした教義と他者への奉仕活動とによって、多くの信徒を獲得し、やがて世界宗教へと発展していく。そこには、言葉による宣教だけでなく、貧しい人々の間に入っての、食事の提供や介護をするなどの福祉活動の実践が、人々を呼び寄せ、彼らを信徒にする大きな要因となった。

しかし、本来一つに融合されていた福音宣教と奉仕活動とは、今日では二元化され、両者の間には対立構造が現れてさえいる。その原因としては、福祉活動における社会性・政治性の先鋭化がある。従来の福祉活動は、それ自体が福音宣教の一部として認知されたものであったが、現在では福祉の先にある、目指されるべき政治理念と社会活動の課題とが提起され、信仰による個人の救済よりも社会的救済を、すなわち社会全体の救済を課題として主張する人々が出現しているのである。後に論じる「社会派」の人々である。彼らは一九七〇年代、いわゆる全共闘世代がくぐった政治状況の強い影響を受け、教会の社会性・政治性に言及するようになる。地上にあるキリスト教会は、社会問題に関心をもつべきであり、政治闘争をも辞すべきではないと説いた。

キリスト教の歴史をみれば明らかなように、教会の内部に社会問題に関心をもつ「ムーブメント」が台頭する時代はこれまでにもあり、とりわけ一八世紀以降は諸国にその傾向がみられ、やがて日本の教会にも到達したことが知られている。たとえば、イギリスのメソジスト教会は、J・ウェスレーにその起源をもつが、「信仰覚醒（かくせい）」を中心テーマとする教会運動であると同時に社会的関心が強く、労働者のための教育施設を設けたり、社会的弱者に教会の門を開くなど、従来の教会のあり方を変えようとするものであった。その伝統を継いだ日本の東洋英和女学院は、積極的な社会奉仕への取り組みで知られている。イギリスで起こったバプテスト教会は、イギリスでの迫害を逃れてアメリカに渡り、そこでの最大教派となる。特に黒人の間に大きな勢力を有した教会として知られている。白人教会がアメリカでは強い影響力をもつとされるが、黒人差別の社会風土にあって、バプテスト教会は黒人に対する宣教を積極的に行った。日本にもバプテスト教会が誕生するが、差別と闘う姿勢と傾向は継承され、特に障がい者へと門戸を開いた教派として知られている。

キリスト教会は、その誕生から一貫して福音宣教と奉仕活動とを両輪として発展してきたのだが、奉仕活動における政治的・社会的意識の先鋭化によって二元的対立が起こってきた。マルクス主義は、キリスト教を土壌とする、その一側面であり、個人の救済から社会的救済へというベクトルを共有するものとして、同根であるといわれる。たしかに両者は、その政治性において深くその根を共有するものであることは否めないであろう。ただ、教会活動の中では、実際に政治的側面が強まり、社会的奉仕活動の面へと傾斜したことによって混乱を生んだことも事実である。その混乱は、七〇年代以降、今日に至っても収まっていない。

拙著『インクルーシブ神学への道——開かれた教会のために』[1]において、私はこの問題を取り上げ、新しいキリスト教会のあり方について、ある提言を行った。そこでの私の視点は、福音宣教か社会福祉かという二者択一を問題とするのではなく、インクルージョンの理念から、今後に向けたキリスト教会のあり方を模索しようとするものであった。本章はその延長線上に立ち、その観点を共有するところからする考察である。

2　福音宣教の使命

(1)　聖書における宣教の意味

旧約聖書では、ユダヤ教の宣教についてはほとんど語られていない。わずかに『ヨナ書』において、神の召命を受けたヨナが、異邦の地ニネベに赴いて神の言葉を伝え、ニネベの人々が神の前で悔い改めを行ったという記事が目を惹く程度である。

イエス自身が、救いの日の到来を告知する「福音宣教」という概念を、『イザヤ書』から取り入れていることは知られている。「福音＝良きおとずれ」という言葉の用法は、『イザヤ書』に表出されている。『イザヤ書』はバビロン捕囚と再来するメシア待望という文脈から、救いの日の告知を説いているのである。

ルカは、イエスが貧しい人々、苦しむ人々に福音宣教を行ったことに力点を置いてその福音書を記している。そして、数々の奇跡に神の国が近づいた徴(しるし)を見て取る。福音宣教とは、人々がそれに耳を傾けようが拒否しようが、全世界の人々に、神の国の到来とイエスが救い主であることとを知らせることである。

福音をすべての国民に宣べ伝えることを主の命令として受け取ったのは、パウロであった。パウロは旧約聖書のエレミヤのように、自分がその任務を遂行することは、生まれたときから神によって定められていたと考えていた。それは、次の言葉によって明らかである。

キリスト・イエスの僕(しもべ)、神の福音のために選び出され、召されて使徒となったパウロ……。

(『ローマ書』一章1節)

パウロは、「福音を告げ知らせないなら、わたしは不幸なのです」(『Iコリント書』九章16節)と記している。パウロはエルサレム教会において、彼が異邦人の間で宣べ伝えている福音の意義を明らかにし、「異邦人の使徒」としてエルサレム教会によって承認された。パウロは、ユダヤ人も異邦人も等しく、律法による救いではなく、信仰によって義とされる福音を、主として異邦人に向けて宣べ伝えていた。パウロにとって福音とは十字架の言葉であり、教会とは「福音に与(あずか)る共同体」であった。そのことは、教会と信徒に宛てて送った数々の手紙に記されている。(2)

パウロを始めとする使徒職にある者によって、異邦人の間にキリスト教は宣教されていった。ローマ帝国の外れに起こったこの小さなメシア運動は、古代の多神教を駆逐して、なぜ世界宗教にまで発展していったのだろうか。それについて社会学者、R・スタークは、著書『キリスト教とローマ帝国』で考察している[3]。

キリスト教は、弱者への慈しみと奉仕、信仰から得られる報いへの確信によって、徐々に信者を増やし、やがてローマ帝国公認の地位を勝ち取るに至る。皇帝コンスタンティヌスの政治権力によってのみ、一挙に公認されるに至ったわけではなかった。これが、スタークの結論である。

社会学者であるスタークは定量的な分析によって、キリスト教徒の数的拡大の跡付けを試みている。キリスト教の始めにおいては、『使徒言行録』一章にあるように信徒の数は一二〇人ほどであり、四章では四千人とされている。ところがギリシャ教父オリゲネスは、三世紀半ばの時点で、ほんの一握りに過ぎないと述べているのである。しかし、皇帝ディオクレティアヌスと次のガレリウスによるキリスト教迫害の紀元三〇〇年頃には、その数は一〇〇〇万人を越えていて、さらにその五、六〇年後には三〇〇〇万人に達したと言われる。ディオクレティアヌスはキリスト教徒に帝国への忠誠を誓わせようとしたが、失敗に終わった。その理由は、すでにキリスト教が帝国内に広く定着しており、政治的な迫害が成功しなかったからであるという。皇帝コンスタンティヌスが発したミラノ勅令によってキリスト教は公認され（三一三年）、やがてキリスト教はローマ帝国の国教となり（三九二年）、全世界に信徒を拡大することになる。

この急激な信徒拡大の背景には何があったのだろうか。スタークは、これについて何点かを指摘しているが、その中で注目すべきは、次の三つである。

一つ目は、初期キリスト教を支えた階級的基盤である。F・エンゲルスやK・カウツキーなどは、キリスト教はもともと抑圧された人々の解放運動であり、その主役は奴隷、権利を剝奪された貧しい人々、ローマ帝国によって追いやられた人々の宗教であったという。キリスト教をプロレタリア運動と見なす説である。たしかに、『コリント人への第一の手紙』一章には、知恵のある者、能力のある者、家柄のよい者ではなく、無力な者、世にあって無に等しい者、身分の卑しい者、見下げられている者が神によって選ばれ、教会に入れられたとある。それは神の前で誇ることがないためである、と記されている。

多くの学者もこの説に賛同し、ローマ帝国内でキリスト教が好意をもたれなかった原因として、キリスト教への改宗者は、圧倒的に社会の最下層に属する人々であったからであるとしている。支配者が、奴隷や使用人の結束を推し進めることになるキリスト教に不安を抱き、それが迫害につながったと説明している。

しかし、今日の新約聖書研究は、キリスト教徒の中に社会的支配層の人々も多く含まれていたことを結論づけている。知識人であるローマ貴族のキリスト教への改宗によって国教化への道筋が開かれたのではないかというのである。キリスト教会を支えた基盤をプロレタリアとする説への、こうした異論は、支持基盤を中流・上流階層とする見解として、今日では歴史学者の間で認知されるようになってきている。

たしかに、イエスの死体を葬ったアリマタヤのヨセフは、イエスの弟子であったと記されているが、彼はユダヤ議会の議員であり、高い社会的地位にあった人である。ユダヤ人社会から迫害を受け、十字架への受難の道をたどるイエスの弟子の中にも、社会的に高い立場の信徒は存在した。つまりローマ帝国による国教化以前に、初期信徒の中にも支配層の人たちが含まれていたことはありうることである。

しかし、初期キリスト教会が、基本的には社会の最下層の人々によって構成され、運営されたであろうことは否定できない事実であろう。それは福音書に示されるイエスの福音宣教が、障がい者、病人、罪人、徴税人、異邦人、貧しい者たちを対象としていることから導き出される、必然と言ってもよい解釈である。そうでなければ、ローマ帝国による迫害があれほど過酷なものになることはなかったであろう。支配層は、キリスト教会に、社会変革の、革命の芽をみたからこそ、事前に摘み取りたいと考えたに違いないのである。

同時にこの問題は、貧しい人々の救済を掲げるマルクス主義とキリスト教との関係について新たな疑問を提起することになる。すでに述べたように、マルクス主義とキリスト教とは同根であり、初期キリスト教会の原始共産制は、マルクス主義の目指す到達点であったと言えるのである。しかし、神の国を信ずるキリスト教徒と、地上の国を抑圧のない平等の世界に変えようとするマルクス主義とは、出発点は同じであっても目指すべきものが決定的に異なっている。神の国信仰は、地上での革命を麻痺させるものとして、マルクスは「宗教は阿片である」と規定した。

スタークの指摘するように、初期キリスト教徒の中には社会的に裕福な支配階級の人々が含まれていたことは事実であろう。しかし、こうした捉え方は、近々三〇—四〇年ほどの間に定着したものと言ってよい。今この時代に、草創期のキリスト教が最底辺の人々の宗教ではなかったと主張することがもつ狙いの、その背景には何があるのだろうか。むしろ、私が気になるのはこの点である。

キリスト教神学はそのほとんどが、ヨーロッパ、アメリカの市場経済の発達した資本主義世界で発展してきた。良きにつけ悪しきにつけ、キリスト教神学が資本主義社会の強い影響を受けてきたことは紛れもない事実であろう。しかし一方、ラテンアメリカに生まれた「解放の神学」は、そうした欧米の神学に対峙するものとして存在感を発揮してきた。この時期、カトリック教会においては、支配者・権力者に仕え、その利益に奉仕する教会と、「清貧の誓願」のもとに貧しい人々と共に生きようとする修道士との間に対立が生まれていた。そして、ラテンアメリカの司教たちは、資本主義と共産主義との両方を拒否し、「天にまで届くほどの不義」に対して、正義のための献身を宣言し、「解放の神学」を提唱したのである[4]。

解放の神学の位置は、次のような主張によって明らかであろう。それは、「教会は社会批判の制度たるべきだ」という主張である。そして、その批判的使命は、自由の歴史への奉仕であり、より正確には人間解放への奉仕と定義される。「福音的メッセージに活かされて、キリスト者個人ではなく、教会がその時、解放の実践主体となるであろう。それが真実のものになるためには、教会は、被抑圧的な制度を批判し、解放する制度でなければならない[5]」。

こうした解放の神学を、J・モルトマンは次のように評価する。[6] 勝者たちによって「世界史」と呼ばれている、あの歴史の裏側で生きている人たちのもとに根を降ろし、弾圧され、貧困の中で差別された人たちを、のしかかる強制から解放する実践から起こったものだ、と。そして、解放の神学は、同時代の互いに交差する諸潮流と同義の問題を提示している、と。

白人にとっての黒人の神学
第一世代にとっての解放の神学
支配階級にとっての民衆の神学
男性たちにとってのフェミニズム神学

しかし「解放の神学」は、ヨーロッパ・アメリカにおいては多くの場合、異端視されている。そこにあるのは、キリスト教の社会化・世俗化への恐れであり、教会が政治や社会について明確な立場を取ることへの恐れである。さらに、解放の神学の根本問題として問われているのは、貧しい人々の解放が福音宣教とどのようにかかわるのかという点である。貧しい人々の解放は、他宗教からキリスト教への改宗に結びつくのか。インドにおける解放の神学の実践は、ヒンドゥー教からキリスト教への転向を引き起こすことができるのか。むしろ、宗教抜きで貧しい人々の解放が起こるとするなら、そこにおいてキリスト教による解放運動はいかなる意味をもちうるのであるか。それは、マルクス主義に基づく解放運動と何が違うのか。ローマは、彼らの教義を「マルクス主義神学」と名づけ、異端のレッテルを貼った。

他方、歴史をたどれば、ナチス・ドイツの時代、キリスト教会は一部の抵抗教会を除いて、ナチスに迎合していった。日本のキリスト教会も、昭和の一五年戦争において、天皇を神とする日本の国体を忌避することなく、侵略戦争に賛同し、加担した。こうした文脈を踏まえれば、解放の神学はキリスト教の枠から飛び出し、神なき解放運動となっていくことによって、神なき「無神論」の時代におけるキリスト教のあり方を示しているのではないかとも考えられる。

キリスト教史を背景に置いてみれば、初期キリスト教会を支えた人々は差別され、抑圧された人だけではなかったという主張の登場は、現在のキリスト教会のあり方についての論争と無関係には考えられない。少なくともその関連を押さえておくべきだと、私は考える。スタークによる原始教会の階級性をめぐる言及には、現在のキリスト教会が、その政治的・社会的な位置を固定させることなく、むしろ中立であるべきとする主張が見え隠れしているのだ。そして、その考え方は結果としてキリスト教会を保守的階級の側に立たせることになっている。神の国と地上の国、教会と国家、この二つの社会集団、二つの国の間で、キリスト教神学は揺れているのである。

スタークが提起している問題の二つ目の要点は、都市共同体の役割にかかわっている。キリスト教が古代社会に浸透することができたのは、古代都市の共同体としての結束の緩みが前提にあると、スタークはいう。植民や移住によって、その時代の都市には多数の民族が混在し、言語、宗教、生活習慣も多様となり、それまでは生きていた人間的な絆（血縁、地縁）が破綻していたと考えられる。そうした中に登場したキリスト教は、新たな絆を提供したというのである。初期キリスト教には、民族、人種、言語、宗教、習慣など、さまざまな多様性を呑み込んで、一つの共同体を構築するエネルギーがあったからだ、と。

イエスの十字架刑から一〇年を経るか経ないかという時期に、ギリシャ・ローマの都市がキリスト教運動の主流になっていったと言われている。すでに拡散していたディアスポラ（離散）のユダヤ人が都市には相当数、存在していて、彼らのユダヤ教からキリスト教への改宗が、都市全体のキリスト教化を推し進めたと考えられる。離散ユダヤ人の会堂（シナゴーグ）が、キリスト教徒の共同体として生まれ変わっていくのである。

人間は愛着関係を大切にする。人間同士の愛着が強ければ、その規範に従い、そうでなければ、その社会の規範から逸脱していく。それが不安定な社会をつくり出していく要因となる。ローマ帝国の都市では、人口の流入・流出が激しく、そのことが、他者との関係を共同体的な愛着関係から機能的・功利的なものに変容させ、それによって社会全体が不安定なものになっていく。そこに登場したキリスト教は、神信仰によって人々の関係を再び愛着関係に変容させ、都市全体を急速にキリスト教化させたのではないか。スタークは以上のように、初期キリスト教の浸透を記述する。

私は、このようなスタークの描写を基本的には肯定する。しかし同時に、そこに描かれている初期キリスト教会のあり方は、今日の教会のあり方といかに相違しているかを鮮明に映し出しているると考えざるをえない。初期キリスト教では、家族の戸主が改宗すれば、家族全員が改宗することになった。家の主人が改宗すれば、その家の奴隷とその家族を含めて、一族郎党がキリスト教徒になった。つまりキリスト教は、まずは家の宗教、共同体の宗教となっていったのである。

キリスト教と共同性をめぐるこの問題は、今日のキリスト教会においてはどのように変容しているのだろうか。私は戦後、団塊の世代の一人として生まれ、一九六〇年代末以降はいわゆる全共闘世代として生き、その文化的雰囲気を身にまとってきた世代の一人である(7)。戦後の高度成長を閲(けみ)した後の日本社会は、全体として不安定であり、変革が求められる時代であった。その時代の若い世代の心を強く捉えた実存主義思想は、まさにそんな時代の思潮と言ってよかった。その説くところは、人間の主体性を重んじる人間中心主義であり、既成の秩序の否定であり、共同性・連帯性の破壊であった。人は一人で神の前に立ち、神と対峙すること、これが実存主義的キリスト教の主張であった。人間の連帯性と共同性を軽視する、このような文化的土台においては、家族の宗教や共同体の宗教などはほとんど一掃されるという結果を生む。キリスト教会の内部も、個人的な生き方と、個人としての信仰が語られる場となっていった。

現在のキリスト教会が、極端に個人主義的なものになってきたこと、これは右のような戦後というスパンでの思想動向がもたらしたものであると同時に、戦後のこうした動向自体がキリスト教の世俗化と、啓蒙期以降のいわゆる近代化の流れに乗ったものだとも言えるであろう。そうした流れの果てに立つ、今日の欧米や日本のキリスト教は果たしてどうなっているのか。一言でいえば、その衰退は、目を覆うばかりである。初代キリスト教会の具えていた共同性と集団性、人と人をつなぐ愛着関係の喪失は、もはや如何ともしがたいところにきている。

初期キリスト教会は、異教徒を閉め出すことなく、共に等しく奉仕をする教会であった。そこには、ちっぽけな身内意識に囚われない寛容性と、人に仕える信仰者の姿があったのだ。そしてこれこそが、キリスト教会が時代と共に失ってきたものではないか。

スタークが喚起するキリスト教史への問いの三つ目の要点は、異教徒に対する奉仕活動である。原始キリスト教会は、その誕生の時から隣人への奉仕を大切にしてきた。『使徒言行録』によれば、「信者たちは皆一つになって、すべての物を共有し、財産や持ち物を売り、おのおのの必要に応じて、皆がそれを分け合った」(『使徒言行録』二章44-45節)とある。

教会の内側の人々にとどまらず、近隣の人々への奉仕は、イエスの説く「隣人愛」の実践であった。しかし、その隣人愛は教会の外の異教徒にまで及んでいたわけではなかったが、その限界が打ち破られるときがくる。スタークは、それを疫病の際のキリスト教徒の活動であったとしている。

マルクス・アウレリウス帝の治世一六五年に、西洋で初めて天然痘がローマを襲った。このとき、帝国の人口は約三分の一に減少したと言われている。さらに、二五一年には、はしかの大流行により、ローマで一日に五千人が死んだと報告され、アレクサンドリアでは人口の三分の二が失われたという。こうした疫病による大災害の時代には、棄て去られる宗教がある一方で、危機的状況に対応する宗教の台頭がみられた。疫病の宗教的位置づけを通して、人々に応えられる宗教と、まったくの無能さを曝す宗教との違いである。ギリシャ・ローマ時代の宗教と哲学には、なぜ神々が人々を滅ぼすのかを説き示す教義が用意されていなかった。彼らの神々は、疫病による人類の滅亡をなぜ引き起こすのか、それを神官たちは説明できなかったのである。哲学者たちも、帝国に蔓延し、人々が死に絶えている状況に対処する有効な言説をもたなかった。

ここでキリスト教が異教に対して、キリスト教徒が異教徒に対して優位に立ち得たのは、思いもかけぬ急激な死のさなかにあってさえ、生を意味あるものとなしうる教義を有していたからである。つまりキリスト教は死者はみんな、天国で新たな生を享けるとし、慰めを与え得たのであった。キリスト教は、困苦と病気と横死が支配する混乱の時代に完全に適合した、思想と感情の一体系であったということだ(8)。

他方、キリスト教がその時代に受け容れられていったのは、教義の受容という仕方だけではなかった。それは異教徒に対する「隣人愛」を実践的に示したことである。二六〇年頃の疫病の大流行に際して、キリスト教徒が異教徒に対して英雄的な看護をしたことが、多くのキリスト教徒を生む背景にあったのである。二五〇年代の司教ディオニシオスは、疫病に罹った者へのキリスト教徒の対応を記録に残している。溢れんばかりの愛をもって、危険を省みず優しく介護し、キリストに仕えるように異教徒に接した。その一方で、異教徒たちの振舞いはこれとは正反対であった、と。

こうした行動が、キリスト教の受容につながり、多くの信徒を獲得することになったのであろうと、スタークは言う。キリスト教徒による行い、貧者を軽んじもせず、富む者を重んじもしない、また困窮者を見極めて、その人たちが教会の資金の分け前から漏れないようにする、これらが異教徒を改宗せしめた要因だというのである。

イエスは、ユダヤ人だけを福音宣教の対象にしたのではなく、異邦人もその対象としたこと、これを後のキリスト教徒は身をもって実践した。

翻って、現在のキリスト教会に、異教徒への寛容や他宗教との共存の姿勢はあるのだろうか。国際社会において人権問題が噴出している危機的状況の根幹に、宗教的な対立がある。そんな宗教的寛容が問われている時代に、キリスト教のあまりに高圧的な姿勢が映像に映し出され、世界に曝されているのではないだろうか。昨年〔二〇一八年〕の、トランプ大統領による在イスラエル米国大使館のエルサレム移転問題もその一つである。アメリカのキリスト教の右傾化が、このような非常識な問題を引き起こしている。初期キリスト教会が異教徒に見せた隣人愛は、一体どこへいってしまったのか。

こうしたキリスト教会の凋落は、欧米におけるキリスト教衰退と大いに関係がある。そのことを、次の宣教の課題でみていこう。

(2) 宣教の課題

先に引用したスタークは、初期キリスト教徒の拡大率は、一〇年間に四〇パーセントであったと推定する。一世紀末に七五〇〇人であったキリスト教徒の数は、一八〇年には一〇万人を突破し、三五〇年には三三〇〇万人に達したという。やがてキリスト教はローマ帝国の国教となり、西洋諸国はキリスト教国となっていった。そして大航海時代を迎え、西洋列強の植民地主義の媒介によって、キリスト教は文字通り世界宗教へと発展していく。この世界宗教への変貌には、宗教改革と対抗宗教改革の運動も組み込んだその過程において、多くの問題がはらまれていた。それらは今日、さまざまな課題となって噴き出し、問題性が顕在化してきている。矛盾を抱え込んだままキリスト教は、混乱期を経過して、危機的な現在を迎えていると言えるだろう。

現在、欧米のキリスト教は終焉の時を迎えているとされる。その背景にあるものは、一体何だろうか。北半球と南半球とに二分して対比すると、今日の事態の淵源が明確になってくるように思われる。北半球では急速に非キリスト教化が進み、南半球ではキリスト教徒がカトリックを中心として、大きく伸びているのである。

一九〇〇年には全キリスト教徒の四九・九パーセントはヨーロッパに住んでいたが、一九八五年には二七・七パーセントになっている。一九〇〇年、キリスト教徒の八一・一パーセントは白人であったが、二〇〇〇年には三九・八パーセントにまで減少している。(9) この数字が示すのはヨーロッパ、アメリカのキリスト教が終焉の時を迎え、中南米、アフリカの貧しい国々においてキリスト教化が進んでいるということだ。かつて「地の果て伝道」と呼ばれた未開の貧しい発展途上国への伝道が実を結び、いまやキリスト教圏の中心となりつつある。

この事態が意味することとして考えうる第一点は、南の発展途上国では、貧困、病気、政情不安など、文字通り貧困との闘いが日常化しているが、そんな状況においてキリスト教が希求され、受容されているということだ。まさに、その貧しさゆえにキリストを求める者が起こされているというべきではないか。

明日のパンを手に入れることが困難な状況だからこそ、人々は神に祈りを捧げ、救い主に希望を託すのである。そして、この世の試練を神の国に入るための対価として受け止め、その拠り所として政治による社会変革ではなく、神の国への信仰を紡いでいくのだ。ここには初期のキリスト教会に見られた神の国信仰が根を張りつつある。そこにあるのは、地上の国に対する絶望感と同時に、同じ神を信じるキリスト教徒の共同体による、貧しいもの同士の隣人愛に基づく奉仕である。

桜本教会では、ウガンダの子どもたちへの支援を一〇年間にわたって行ってきた。内乱とエイズの蔓延で知られるウガンダでは、貧しい人々がそれこそキリストを信じる群れとして助け合って生きている。その様子を、ウガンダの子どもたちの手紙から知らされてきた。(10)

キリスト教とは、本来貧しい人々、抑圧された人々、障がいや病気、差別などに苦しむ人々の宗教であることを、南の国々におけるキリスト教徒の急激な増大が語っている。苦しむ者たちが神への信仰によって固く結ばれ、兄弟姉妹の関係を生きる。それがキリスト教信徒の共同体であり、初期キリスト教会のあり方そのものである。

他方、欧米のキリスト教はなぜ終焉を迎えているのか。その理由は明白である。豊かな社会になり、困窮のただ中に神を求めるという状況が失われたということだ。貧しい人々の宗教は、欧米の物質的・文化的豊饒さの中で、まさにいま死滅しようとしているのである。それは社会の支配層に属する人々にとって、奴隷の宗教、罪の悔い改めを説く宗教は、もはや体質的に受容しがたいものになってきたということなのだ。

キリスト教受容の変貌をうかがわせる事例を一つ挙げよう。キリスト教は罪の悔い改めを求める宗教である。キリスト教は、本来、神との人格的関係に生きるべき人間が、神との関係を断ち切って、自己を神として生きるものになること（自己絶対化）、これを罪と呼ぶ。人間の神性化は、人間中心主義を含意し、神への畏れと、他者への愛（隣人愛）の喪失の現れである。自己の罪を悔いて、神への立ち帰りを求めること、キリスト教の教義の中心に置かれているのは、これである。

神の前で、己れの罪の自覚と共に生きるという、古代から中世を貫く基調は、ルネサンスの人文主義から近代の諸哲学へと、世俗化によって登場したさまざまな緩衝材によって稀釈されてきたと言えるだろう。今日ではさまざまなタイプの「心理学」によって、罪に対する意識はさらに軽減され、罪を前にしての苦悩は処方箋という人間的なテクニックによって解消されるべきものとなった。つまりそうした人間観が提示されてきたということである。心理的葛藤や混乱の中で、自己を見つめる苦悩に満ちた思索から解放され、究極的には「人はあるがままでよい」という人間肯定によって充足する。罪を悔い、神に祈りを捧げ、神に赦しを乞うという生き方から、人間の抱える問題は心理学によって方法的に解消されるものとなった。責任や罪悪感を個人に負わせることなく、社会や環境に原因を求めること、これはたしかに心の重荷を軽減することにはなろう。罪を悔い、神に赦し求める代わりに、精神科医の門をたたき、心理的安定を求めてカウンセリングを受ける、あるいは薬の処方によって治癒をはかる。臨床心理士のもとで、「あなたの責任ではない」とのお墨付きをもらう。

むしろ信仰とは、心理学風の用語を借りれば、不確実性の中へ、暗闇の中へ、虚空の中へ、絶えず新たに飛び込むことである。この世の与える平安に甘んじて生きることではない。この真実が今日、キリスト教棄教の要因の一端を担っているのである。人間同士の水平の関係性が、神との垂直の関係性を破壊する。それを人々が喜んで受け容れる時代になってきたということだ。

欧米のような豊かな社会にあっても、貧しく、苦しみの中を生きる人々はいる。しかし、そうした人々が、もはやキリスト教信仰に向き合おうとはしない。なぜか。それは、格差社会、不平等社会、不正社会を生み出す原因の一翼を担ったのがキリスト教会であることを知っているからである。南の人々との違いはそこにある。

イエスの、その時代の社会の支配者層に対する怒りや正義を求める叫び、多くがそれを叫ぶ側から聞く立場へと変わり、イエスの側に立って聖書を読むことが不可能になったのだ。それは、豊かな社会にあっては、支配層にとっても、抑圧された人々にとってもなのである。

「金持ちが神の国に入るより、駱駝が針の穴を通る方がまだ易しい」(『ルカ福音書』一八章25節)、「あなたの頬を打つ者には、もう一方の頬を向けなさい」(同六章29節)、「財産は神の贈り物として、いつも他人の欠乏のためにある[11]」(アレクサンドリアのクレメンス)。

このような言葉を、強欲資本主義の蔓延する欧米諸国の人々が、襟を正して聞くだろうか。頬を打つものに対して、やり返さなかったから不正義の社会になったのではないのかと、貧しい人々は考えるのだ。欧米の人々の間で、キリスト教が棄教されていったのは、聖書の言葉を受け容れる社会状況が失われたからである。

キリスト教の衰退についてさらにもう一点、日本のキリスト教について考えてみよう。F・ゴンサレス『キリスト教史[12]』上下の訳者は、こう解説する。キリスト教の南北問題をめぐってゴンサレスは、日本は南北のどちらにも属さないがゆえに、独自の可能性があることを示唆しているというのである。日本は、南北問題では十二分に豊かな「北側」にいる。これが理解されていないことに、むしろ驚嘆する。北側にいるからこそ、日本のキリスト教会も終焉の危機にあるのではないか。

日本のキリスト教徒は、人口の一パーセント、一〇〇万人ほどであり、その減少がとまらない。若者の姿が教会から消え、教会学校も廃止する教会が多い。高齢者の教会になり、献身者（牧師志願者）の減少も続いている。

他方、韓国では国民の三〇パーセントがキリスト教徒であり、ソウルには至る所に教会がある。人口五一〇〇万人中、一五〇〇万人がキリスト教徒である。中国でも総人口の五パーセント、五千万人がキリスト教徒であって、地下教会を含めれば一億人という推計もあるという。同じアジア人にして、交差する歴史をもつこれらの地域と、日本および日本人とはどこが違うのだろうか。

この問題をめぐって私は、次の二つの点から理解している。[13] 一つは、日本においてキリスト教受容の中心を担ったのが士族階級であり、知識人であったということ。二つ目は、西洋列強諸国によって植民地化された地域では、その先陣をきってキリスト教が現地に入っていったが、そこでは必ず貧しい人々、抑圧された人々の中に宣教が開始された。しかし日本では、これがなかったということ。それが示唆するのは日本におけるキリスト教の隣人愛の欠如という問題である。明治期に日本に入ってきたキリスト教の、右の二つの特質が現在の教会衰退の要因となっているのではないか。

一つ目の、知識人によるキリスト教受容のあり方については、わが国最初のキリスト教徒が佐幕派の武士であったということが多くを語っている。京都見廻組に属していた今井信郎は、倒幕派を弾圧し、坂本龍馬、中岡慎太郎の暗殺にも手を染めた。そして、この今井信郎はその後、キリスト教徒となる。明治初頭のプロテスタント信徒は、新島襄、内村鑑三、本多庸一、植村正久、海老名弾正、新渡戸稲造など著名人に代表されるが、海老名を除いて彼らはみんな、佐幕派の武士の家の出身であった。当時の士族は知識人であり、キリスト教はこの事実によって知識階級の宗教となったと言われる。

これは何を意味しているのか。まず開国によって西洋諸国の文明に触れた日本の知識人にとっては、西洋文明受容の一環としてのキリスト教受け容れであったということである。つまり、信仰というより、それは西洋文化の吸収であり、文化であるから、日本人と日本文化に合わなければ棄てることができる。そこにあるのは信ずるという生き方の問題ではなく、まずは知識の受容であって、それが合わないのならば止めればよかったのだ。そしてこの図式は、現在も続いていると思われる。ある教会の調査では、日本においてキリスト教徒の平均寿命（つまり信徒にとどまる年数）は、二・八年という。洗礼を受けて教会にとどまるのは、平均二―三年である。その原因として考えられるのは、キリスト教が知識として捉えられ、一定期間で満足すれば、教会を卒業して去っていくという図式になっているということではないか。キリスト教をまず知識として受容した日本では、教会を卒業するということが起こる。洗礼を受けた者は、キリスト教徒が総人口の一パーセントであるのに対して、五パーセントに達しているという。

キリスト教が日本において土着の宗教とはならなかった要因は、生活に密着した宗教とならなかったからである。[14] そしてこの問題は、日本人キリスト教信者が、なぜ殉教しなかったのかという問いへの答えと重なってくる。第二次世界大戦下の日本のキリスト教会は、時の権力の前に跪き、戦争を肯定し賛美した。現人神（あらひとがみ）である天皇に膝を屈し、聖書の神を埒外に追いやって生き延びた。信仰に殉ずるという生き方を棄ててきたのである。それが可能であったのは、日本のキリスト教が生活に根ざした宗教ではなかったからではないか。

戦時下のキリスト者の抵抗と受難のあり方、およびキリスト者の戦争責任をめぐっては、今日に至るも、いまだに論争が続いている。その歴史の一断面を見てみよう。

国家の宗教統制令を受けて多くの宗派が統合され、日本基督教団が誕生した。そして、その第一回総会は一九四二年に開催される。時の富田満教団統理は挨拶の中で、次のように語った。

> 次は教団の戦時体制確立強化と言う事であります。我国の忠勇なる将兵は陸海空に身命を捧げて其の戦争目的の達成に邁進して居り之に呼応して銃後も一体となって協力して居るのであります。我々教団も其点現在迄人後に落ちたと言う訳ではありませんが、今後は益々之が強化を致されなければならないのであります。即ち布教精神と戦時態勢の一元化であります。凡ては戦時態勢に包含されなければなりません。[15]

これは、日本人キリスト者すべてに、日本の軍国主義とファシズムによる侵略戦争に対して奉仕することを強要し、そのことを告げるものである。

一九三八年、日本基督教団大会議長富田は、朝鮮耶蘇教長老教会の総会において、神社礼拝を強制承認させた。しかし、戦時下朝鮮では廃毀(はいき)された教会二百、投獄されたキリスト者二千余名、獄死者五十余名が生じている。紛れもなく朝鮮人キリスト者の抵抗の痕跡である。(16)

朝鮮人は信仰のゆえに殉教を選んだ。日本人における殉教者は、ホーリネス系教会の牧師八名のみである。この違いは何を意味するのか。日本のキリスト教は、知識人の宗教であり、あたかも英語を外国語として学ぶように、西洋文化として受容されたキリスト教であったということである。そして、英語の学習を棄てるように、キリスト教信仰も棄て去ったということではないのか。殉教者を出さないキリスト教、それが日本のキリスト教である。

日本のキリスト教を特徴づける二つ目のポイントとしては、宣教対象の問題がある。西洋列強による植民地拡大に際して、キリスト教が先導役とされたことは周知の事実であるが、その一方で、宣教師たちは必ず貧しい抑圧された人々の中に入り込んでいったということがある。よく知られた例だが、インドでは、カースト制度の最下層の人々を対象に宣教が始められた。差別社会における虐げられた人々への宣教は、イエスの宣教に倣(なら)うものであった。ただ、そのことは単純に聖書的理解に基づくものとは言いがたい面もある。最下層の人々は、常に国家に対する反乱を企てる可能性があり、国家社会の不安材料となる。その人々を信仰によって沈黙させ、抑えつけるのは、支配層にとって都合のよいことだからでもあったのだ。

ともあれ、多くの植民地にキリスト教が入っていき、宣教を試みたのは、まず抑圧された貧しい人々がその対象であった。

日本ではどうであったか。明治初頭にキリスト教が日本社会に貢献したことは、二つあると言われる。一つは女子教育、もう一つは社会事業である。男尊女卑の日本では、女子教育は二の次とされてきた。しかし、ここにキリスト教が入り、女子教育の基礎をつくったのだ。さらには社会事業である。障がい者の学校や施設の大半が、キリスト教信徒によってつくられている。それまで「廃人」と呼ばれていた障がい者を教育の場に引き出し、社会的自立が目指されるようになったことは、キリスト教の功績である。ところが、このような動きは、やがて潮が引くように緩慢になっていく。それは日本のキリスト教が社会の支配層に接近したことと、また慈善事業それ自体に対する反発が起こったことからである。

ここに、なぜ日本のキリスト教会は被差別部落に入り込まなかったのかという疑問がある。キリスト教の平等精神、友愛思想によって、女子教育や福祉事業が興された。しかし、なぜ被差別部落はその対象とならなかったのか。インドのカースト制度の最下層の人々に入り込んだのはキリスト教であったが、日本ではそうではなかった。それは日本のキリスト教が、やがて知識階級、中産階級の宗教となっていくことと無関係ではない。時の政府が、キリスト教の社会事業に対して好意的ではなかったこともその要因であろう。また、キリスト教の慈善的な社会事業に対して、社会変革を求める思想家からの反発もあっただろう。こうして、明治初頭のキリスト教による社会事業の成果が、その辺りでとどまり停滞していったと考えられる。かつて日本社会に福祉の思想と実践の基礎を築いたキリスト教は、やがて社会への関心を失い、第二次世界大戦においても、戦争協力者としてその軌跡を刻んでいく。

そしてこの問題は、過ぎ去った歴史ではなく、今日もなお教会に深い亀裂を残している。一方に、社会問題から一切手を引こうとする教会があれば、他方に信仰上の社会問題として受け止め、政治闘争に走る過激なキリスト者があり、両者は対立する。前者を福音派と呼び、後者を社会派と称する。特に、一九七〇年代の大学闘争に端を発した、個人の救済から社会全体の救済へという全共闘世代の人々の主張と、キリスト教会はもっぱら宣教に従事するべきであって、教勢を伸ばすことがその使命であり、社会問題は二の次であるという考え方との対立の構図は続いている。

3 社会福祉の使命

(1) キリスト者の奉仕

聖書において、キリストは自ら僕(しもべ)の姿を表す。

キリストは、神の身分でありながら、神と等しい者であることに固執しようとは思わず、かえって自分を無にして、僕の身分になり、人間と同じ者になられました。人間の姿で現れ、へりくだって、死に至るまで、それも十字架の死に至るまで従順でした。

（『フィリピの信徒への手紙』二章6―8節）

あなたがたの中で偉くなりたいと思う者は、皆に〈仕える者〉（ディアコノス）になり、いちばん上になりたい者は、すべての人の〈僕〉（ドウロス）になりなさい。

（『マルコ福音書』一〇章43―44節）

キリストの言葉によって、弟子たちは仕える者、僕であるという考え方が初代教会では強調されるようになっていった。「仕える」（ディアコネイン）は、特に「給仕をする」ことを意味する。それは卑しい仕事を指していて、奴隷のする仕事であった。

そして、キリストは際立ったかたちで「神の僕」であった。キリストを信ずる者は、この「神の僕」の僕なのである。その奴隷としての仕事は、単に天の神に対する奉仕だけにとどまらず、飢えた者、避難民、困窮者、病人、障がい者、獄にある者におよび、彼らに対して行う教会の務めは、キリストに献げられる奉仕なのである。(17)

初代キリスト教会から二〇〇〇年の長きにわたって、キリスト教会が守ってきた三つの機能がある。時代によって表現の異なるものもあるが、基本的には次の三つである。

一つ目は、主なるイエス・キリストを礼拝する共同体としての交わり（コイノニア）、二つ目は、十字架と復活を基礎とする福音宣教（ケリュグマ）、三つ目は、互いに奴隷のように仕え合う兄弟愛の実践（ディアコニア）である。

とりわけ、三点目のディアコニアは、キリスト教福祉の直接的な源流である。迫害のもとで生きるときも、地縁・血縁に依らないコイノニアにおいて、互いの苦難を共に担いつつ、社会から排斥された貧しい人々や病人、そして障がい者を支援した教会内部の愛の実践が、やがて教会を超え、民族、人種を超えた愛の業（わざ）として、すなわち異邦人、異教徒の西洋世界に拡大し、キリスト教信仰が西洋に定着することになった。

西洋では、現代においても社会福祉の制度や思想の発展に、キリスト教が果たしてきた役割はきわめて大きい。社会の片隅に追いやられている者、貧しい者、迫害されている者など、「いと小さき人々」を敬い、彼らに奉仕するのがキリスト者の義務であること、これが一貫して伝えられ、実践されている。しかし今日では、社会福祉は国の社会政策の一部に位置づけられ、法制度の整備や予算化によって、公的機関がそのイニシアチブをとる時代となっている。しかし、多くの国々では、公的機関による社会福祉活動が行われている一方で、教会関係の民間団体が、社会福祉の実践の主体になっているところも多い。

日本の社会福祉におけるキリスト教会の取り組みはどうであろうか。明治初頭に見られた、キリスト教的隣人愛による奉仕活動を基礎とした福祉活動は、現在も、「キリスト教社会福祉思想」

ろうか。

を固い基盤として成立しているのだろうか。それにはキリスト教信仰が土台となっているのであろうか。

福祉が政治によって施策化され、法制化されることによって、無宗教者の福祉への進出が拡大した。それまでは、社会的に認知されることなく、一部の篤志家による援助や寄付に頼っていた福祉事業は、経営的にも危機を迎えて破綻する福祉施設も続出した。しかし、その中にあっても、「仕える者になりなさい」という聖書の言葉は、福祉に従事する者を支え続けてきたのである。ある意味で、経済的利潤を求めない福祉事業は、キリスト教信徒にとっては大変わかりやすく、意義のある務め（天職）として受け容れやすかった。ところが、政治主導になるに従い、福祉を経済的利益を生む機会と考える人々が参入するようになる。そうなると、あえて自らの活動を「仕える者」「奉仕する者」と位置づけるキリスト教信仰をもたない者でも、福祉に従事するということが自然に起こってくる。設立当時は、キリスト教徒の小さな群れの事業であったものが、無宗教あるいは他宗教の職員と一緒に活動することも多くなる。やがて、宗教的色彩から脱却していく福祉法人も現れてくる。そのような事例はたくさん見られる。それが現在の福祉事業の置かれている状況である。ここでは、「仕える者」や「奉仕する者」という捉え方は意味をもたない。そうした時代に、キリスト教の社会福祉活動は一体どのような意味をもつというのだろうか。

今日では、福祉の分野で信じられないような出来事が続発している、相模原で起きた障がい者施設での大量殺人事件、川崎で起きた高齢者の殺害事件、そして全国調査で明らかにされた施設での虐待、体罰事件……。さらに福祉職からの大量離脱の状況。これらには、「いと小さき者」に仕えるというキリスト教のディアコニアの精神など、どこにも見られない。

聖書の示すディアコニア（奉仕）は、単に無償の働きというだけではなく、組織化された働きであり、そのことが専門職の確立を促した。たとえば、一九世紀の半ばには教会に関係したディアコニアの施設が設立され、奉仕者の養成が計られ、看護師は専門職としてその地位を確立するまでになる[18]。

ディアコニアとは何かを考えるとき、引用される聖書の箇所がある。

お前たちは、わたしが飢えたときに食べさせ、のどが渇いていたときに飲ませ、旅をしていたときに宿を貸し、裸のときに着せ、病気のときに見舞い、牢にいたときに訪ねてきてくれたからだ。……わたしの兄弟であるこの最も小さい者の一人にしたのは、わたしにしてくれたことなのである。

（『マタイ福音書』二五章35-40節）

イエスのこの言葉は、目の前の困窮者に仕えることは、その背後にいる神ご自身に対して仕えることになるということである。イエス自身が、「苦難の僕」としてその生涯を生き、困窮にある者としてその姿を現した。困窮者は神の姿の一面を示すものとして、キリスト教は理解する。具体的な困窮にある者の背後に神を見ること、神に仕えることが奉仕の中にあるのか否かが問われることになる。

「奉仕」ということの意味のこうした背景を、今日の福祉活動従事者は考えたことがあるのだろうか。

(2) 日本のキリスト教福祉施設をめぐる一考察

ここでは、キリスト教福祉施設が本来抱えている「宣教と社会福祉」の相克について探ってみたい。日本の知的障がい者福祉施設の歴史を切り開いた近江学園の理念とその実践に焦点を合わせる。

また、中郡盲人学校は、現在は神奈川県立平塚盲学校と名称を変えているが、発祥は平塚市金目地区のキリスト教会の敷地に建てられた私立の盲学校である。その設立の経緯と後の歴史とを探り、キリスト教の理念が、公立学校へと転換する中でどのように変化していったかを検証する。なおこの盲学校は、一一〇年の歴史をもち、神奈川県内の障がい児学校の嚆矢であるが、二三代目の校長として、私自身が勤めたという経緯もある。

近江学園　糸賀一雄（一九一四―六六年）は、第二次世界大戦の終わる頃から、滋賀県に知的障がい児の施設を立ち上げ、知的障がい児と戦災孤児との受け容れにかかわってきた。それはやがて、昭和二四〔一九四九〕年に滋賀県の方針に基づいて、知的障がい児の入園施設となる。

次の引用は、糸賀一雄の残した、よく知られた言葉である。文中の「この子らを世の光に」は、その著書の表題にもなっている。

世の光というのは聖書の言葉であるが、私はこの言葉のなかに、「精神薄弱といわれる人たちを世の光たらしめることが学園の仕事である。精神薄弱な人たち自身の真実な生き方が世の光になるのであって、それを助ける私たち自身や世の中の人々が、かえって人間の生命の真実に目覚めて救われていくのだ」という願いと思いをこめている。[19]

糸賀は、旧制松江高校時代に洗礼を受けたキリスト者である。糸賀による福祉の実践の根底には、深い宗教的思索がうかがえる。

……そのための前途に横たわるであろう幾多の困難は、おそらく私をふるいたたせこそすれ、私の意思を毫（ごう）もゆるがすことはできないであろう。おおげさだが、ちょうど、初代キリスト教徒が、あの迫害の中で敢然として信仰の表白に身を挺したごとく、私は自分の心の中に、子どもたちへの愛を通じて、神への、キリストへの信仰が漸く感じられようとしているのである。[20]

糸賀のキリスト教信仰が、障がい者に対する差別と偏見が渦巻く当時の社会にあって、この「子どもたち」を守り育てていく原動力になったことは疑いない。

日本列島の悲願は、世界平和への実現に身をささげることであります。それは、スローガンをかかげることに終わるものではなく、現在の私たちの仕事と生活を通して、具体的実践的に、争う人々の足を洗うことであります。神はイエス・キリストの御生涯と十字架によって愛の何たるかを教えて下さいました。(21)

自らの福祉実践の根拠をキリスト教信仰に置いた糸賀は、キリスト教信仰そのものを実践の場に持ち出すことには控え目であった。糸賀一雄の福祉思想の中心にあるのは、「発達保障」である。発達保障論は、知的障がい児施設「近江学園」や重症心身障がい児施設「びわこ学園」における実践的検証等によって培(つちか)われた、新しい発達観に裏づけられた障がい児指導の理念であった。

発達保障論とは、「重症児が普通児と同じ発達の道を通るということ、どんなにわずかでもその質的転換期の間でゆたかさをつくるのだということ、治療や指導はそれへの働きかけであり、それの評価が指導者の間に発達的共感をよびおこすのであり、それが源泉となって次の指導技術が生み出されてくる(22)」とされる。同時に、「どんな障害をもっていても、『人と生まれ、人になっていく』のであって、その道行きは万人に共通であるという根本的な理念である(23)」。

こうした発達保障論は、その後全国の教師たちに支持され、障がいの重い子どもたちの教育実践に大きな影響を与えた。発達保障論の二つの特徴として挙げられるのは、重度の障がい児も普通児と変わりなく、同じ発達の道をたどるとし、障がい児を特別扱いしないこと、また重度の障がい児にも教育の可能性があることを示した点である。

そして、指導の働きかけによって、障がい児と指導者との間に発達的共感が生じ、そこに教育の進歩があるする。糸賀は次のような事例を上げて、そのことを示している。

脳性マヒの寝たままの十五才男の子が、日に何回もおしめをとりかえてもらいます。おしめ交換のときにその子が全力をふりしぼって腰を少しでも浮かせようとしている努力が保母の手に伝わりました。保母はハッとして、瞬間、自分の（しごと）の重大さに気づかされたというのです[24]。

これは支援を通して、受ける側が支援者の意思に応えようとする意識をもつことを示す例である。さらにこのことは、教育や福祉における支援者と被支援者との共感性の誕生というテーマに結びつく。わかりやすくいえば、支援者が支援することによって逆に支援されていると感じとることであり、一方的な関係から双方向の関係になるということである。「助けることで自分が助けられている」という感覚が、教育や福祉の中で起こる。それを糸賀は私たちに伝えているのだ。

糸賀の理念と実践に見られる社会福祉のあり方について、二つの問題に絞って考察してみよう。一つは、福祉や教育をめぐるさまざまな考え方について云々する前に、現在の社会福祉や教育において起こっていることが、具体的に何を語っているのかについてである。

社会福祉は国家による行政課題となって、そこにさまざまな制度が生まれ、それを支えるための法制化、予算化が進み、国民の福祉に対する意識の醸成が図られている。しかし、ここでまず問われなければならないことは、福祉の現場で何が起こっているのか、そしてその背景には何があって、それに向けた対策としては何が必要なのかという問題に対して、十分な検証がなされていないということである。

なぜ福祉施設で大量殺人が起こるのか、虐待や体罰が日常化しているのか、なぜ福祉職員が大量離脱していくのか、これらの原因はどこにあるのか。まず挙げなければならないのは、福祉にかかわる人たちへの「人権教育」の不徹底である。人としての尊敬の念をもって接すること、この最も基本的な態度が果たしてどのように育成されているのか。このことは、教育界についても同様に言える。

私は、神奈川県の外部評価委員として養護学校を評価する立場に就いたことがある。そこで見聞きしたことは、到底信じがたいものであった。私たち外部評価委員の前で繰り広げられる人権侵害の数々、人間ではなく、物であるかのように対応する教師たち、重度の寝たきりの子どもに対して、一言も声をかけずに持ち上げ、移動するといった仕方。自分が介護される側であれば、何を思うだろうかといった配慮など一片もなく、自分ではまったく動かすことのできない身体を、無造作に、まるで荷物であるかのように動かしている。人であると思えば、声かけをして、体に移動に備える意識をもたせた後に移動するべきなのだ。車椅子の子どもの枕を片手で抜き取る。子どもの頭がかなりの勢いで後ろにぶつかる。食後の歯磨きでは、片手を伸ばした状態のまま、隣の教師と談笑しながら歯磨きをする教師もいる。片手で頭を支え、声かけしながら優しく磨くのは常識である。肢体不自由児を抱っこして移動させる教師の履き物はサンダルである。転ぶ可能性を微塵も考えない教師の無神経さ……。

これらの原因ははっきりしている。養護学校の規模が過大となって、そこに多くの子どもたちが集まるようになり、教師も大量採用の時代になった。この状態で、教師に対する基本的な研修がなんらできていないのだ。それは何かの技術を教えることではなく、障がいで苦しんでいる子どもたちをどう見るのか、どう寄り添うのかにかかわる人間理解を育てるという問題なのだ。

「人間とは何か」という問題こそ、教師や福祉職員がまず学ばなければならないテーマである。かつて、福祉が大学教育に入ってきたとき、その先達である上智大学や明治学院大学では、「キリスト教概論」の授業を必修科目とした。十分ではなかったかもしれないが、福祉職に就く学生たちに、福祉には奉仕の精神が前提にあることを教えていたのである。一般の大学でも福祉職の資格がとれるようになったことから、人間の本質や奉仕の精神を学ばない学生たちが大量に生まれることになった。職業選択の自由にあって、福祉職と教師に対して、人の尊厳に対する畏(おそ)れをもたせる教育が失われていったのである。

社会福祉のあり方をめぐる二つ目の問題は、福祉に取り組むキリスト教慈善活動がやがて社会改革運動へと変身していくという問題である[25]。慈善活動は困窮している特定の個人との出会いから生まれ、個人の救済を指向することになる。しかし、そこから生まれた社会運動は、個人の救済を突き抜けて、社会全体の救済という問題へとたどり着く。個人的な信仰と社会的な活動、この両者の分離と拮抗の関係は絶えず揺れ動くことになる。

キリスト教福祉という時、その展開の中にはそうした根源からの分離の問題があり、そうした歴史をたどってきたという印象があります。この根源からの分離、相互に対立し合う構造の関係が背後にあればこそ、善きサマリア人の譬え話、その隣人愛が繰り返し呼び起こされるのではないだろうか。この善きサマリア人の譬え話がキリスト教福祉の関係で繰り返し取り上げられてきたのは、僕らの中に個としての信仰と社会活動との間の分裂をつなごうとする意識、一種の危機感があればこそであると思うんです[26]。

キリスト教慈善活動からキリスト教社会福祉への転換は、福音宣教と慈善活動との一体化から、福音宣教と社会福祉・社会活動の二元化を示すことになり、社会活動はさらに政治闘争へと至る今日のキリスト教会の社会派への路線が敷かれ、福音派との対立構図を生んだと、私は考える。

中郡盲人学校（現・神奈川県立平塚盲学校）　中郡盲人学校は、明治四三（一九一〇）年に平塚の金目村に開校した。開校に至る当時の状況は、県立平塚盲学校の『創立一〇〇年記念誌』に次のように記されている。

創立者は秋山博という当地で開業する鍼灸師。一八六三年、金目村の近くで生まれたが、一二才で疱瘡で失明、ほどなく金目の鍼灸師に弟子入りし、その後努力を重ねて名鍼灸師となり、全国から患者が集まるようになる。秋山は同業者の資質向上のための鍼学講習会を月一回開き、参加者も増えていったが、財政的問題によって講習会の開催も困難となっていく。当時から、後援として郡長、町村長等の有力者の寄付に頼っていたが、やがて最大の後援者となるのは宮田寅治、猪俣道之輔、猪俣松五郎等のキリスト教徒であった。彼らは村長や県会議員を務め、盲人学校の設立に多大な貢献をした。

「最大の後援者」となった彼らは自由民権運動家であった。平塚は、神奈川県で自由民権運動が最も盛んな地域であったことが知られている。西洋の啓蒙思想の影響を受けた自由民権運動は、金目村出身の宮田らによって担われていた。民権結社「湘南会」が結成され、一八八〇年の国会開設請願運動ではわずか三カ月の間に二万三〇〇〇余名の署名を集めている。自由民権運動の担い手の多くがキリスト教徒であったと言われているが、キリスト教のもつ啓蒙思想を日本に開花させようとする人々が、盲学校設立に大きく寄与したのである。[27]

盲人学校は日本基督教会金目村旧講義所を借り受けて開校された。男女の寄宿舎、二カ所を借り受けての発足であった。財政的には宮田寅治らの寄付に支えられるところが大きく、郡費補助を申請して若干の収入増になるが、後に郡会議員となった宮田は、「毎年議論湧出し、晴眼者の教育を先んぜんとする傾向にて、盲教育を無視せんとする状態にあり、此の補助金の継続維持に人道問題を絶叫するの苦境にあった」と回顧している。障がい者の教育を立ち上げることが困難であった時代に、彼らの社会的自立のために奔走したキリスト教徒の信仰を見てとることができる。

金目教会で発足した盲人学校は、やがて生徒も増えて校舎も手狭となり、移転することになる。移転後も、村長の猪俣道之輔らが中心となってこれを支えた。関東大震災による校舎倒壊など、度重なる苦境を支えたのは、キリスト教徒たちであった。昭和八〔一九三三〕年、県立への移管を機に盲啞学校となり、そして昭和二三〔一九四八〕年に盲学校とろう学校はそれぞれ独立して、現在に至っている。

盲人学校の設立に多大な尽力をした宮田寅治は、明治一九〔一八八六〕年に横浜海岸教会で受洗し、その二年後に金目村に教会をつくっている。県会議員となった宮田は廃娼運動に没頭し、県議会ではさまざまな妨害を廃して、公娼廃止の建議案を可決させた。廃娼運動は、自由民権運動とキリスト教人道主義とが原動力となっていた。人間の尊厳と平等の理念を希求するものであり、権力に対する闘いがキリスト教徒によって担われた実例の一つである。

宮田寅治は中郡盲人学校の三代目の校長を務めている。その二〇代後になる二三代校長を私は務めることになった。歴代校長は、昭和八年に県立に移管されるまで、いずれもキリスト者であった。

現在、平塚市は福祉の町として知られるようになっている。神奈川県全県から見ればさほど広くはないところに、県立の障がい児学校四校が存在する。盲学校、ろう学校、知的障がい養護学校、肢体不自由養護学校である。平成一九〔二〇〇七〕年に本格実施された「特別支援教育」は、どのような障がいにも対応できる障がい児学校（特別支援学校）が目標とされている。個々の学校が障がい種別に囚われない学校のあり方を探ろうとするものである。当初、この構想は平塚市には該当しないと多くの人は考えた。なぜなら、すぐ近くにある障がい児学校同士が緊密に連携すれば事足りるからである。ところが、今では障がい児学校だけではない。福祉施設も充実していて、福祉の町の看板にふさわしい地域となっている。そして、このような今日の状況が生まれたのには、先人のキリスト教徒の功績に負うところが大きい。

現在よりはるかに差別と偏見の激しい社会風潮の中、障がい者の学校を立ち上げ、廃娼運動に身を挺して取り組んだ金目教会のキリスト者たちによる福祉事業には瞠目（どうもく）せざるを得ない。しかし、これを今日的な意味での福祉事業とだけ呼んでよいものなのだろうか。すなわち、「福音宣教と社会福祉の相克」という問題意識からすると、高い比重で「宣教」を目的とすることはなかったのかが問われなければならない。

発足では、金目教会の会堂の一部を盲人学校としたのであり、生徒は礼拝に参加するのが常であった。むしろ、聖書に登場する多くの盲人をイエスが癒されたこともあり、教会では生徒のみならず、盲人やその関係者も礼拝に出席していた。やがて、盲人学校は公立の盲唖学校となって現在の地に移転すると、寄宿舎の生徒たちは平塚教会での礼拝に出席するようになる。金目村の盲人学校の思い出をまとめた書籍で、学校の経営者であった比企喜代助夫人の比企きよさんは、次のように記している。

主人比企の生涯の支えとなり、私立時代盲学校の人格教育であったキリスト教についてふれますと、主人は神主の息子であったためでしょうか、以前からキリスト教徒としての生活をいたしておりましたが、正式に洗礼を受けたのはずっと後の大正一四年です。……主人の盲人観は、「もし盲目なりしならば罪なかりしならん。されど見ゆという汝らの罪は遺れり」（『ヨハネ伝』九章）というものでした。主人が所属しておりました平塚教会には、点字の聖書や讃美歌が沢山備えられ、日曜日には教会の水野牧師が生徒全員を引率して礼拝に出席するというふうで、主人ばかりでなく他の経営者（盲学校の）の方々も皆クリスチャンでしたからおのずと家族的な雰囲気が漂っておりました。

生徒全員が教会で礼拝をする。それは、盲学校での教育がキリスト教教育であることを語っている。そこには神と出会い、キリストによる罪の赦しに与り、洗礼に至る道が備えられていた。盲人学校の教育とキリスト教信仰とは不可分なものとなっていたのであろう。福音宣教と社会福祉との相克はここにはない。あるのはむしろ両者が一体化した取り組みである。

二三代校長として私が赴任したとき、同窓会の席に呼ばれ、私はクリスチャンであり、かつ伝道師として紹介された。参加者の多くは、クリスチャンの校長がきたことを喜んでくれた。半数以上がクリスチャンであったからである。桜本教会でホームレスの支援をしていることを伝えると、翌日から衣類を届けてくれるようになった。家族的雰囲気の中で、私は校長時代を過ごしたのである。

ここまで盲人学校の歴史の一部を垣間見てきたが、これについて二つのことに触れておきたい。一つ目は、盲人を対象にした日本盲人伝道協議会の取り組みについてである。二つ目は、盲人の社会的自立や障がい理解の問題に、教会の、とりわけ社会問題に関心を寄せる「社会派」の人たちがどうかかわってきたのかについてである。

日本盲人伝道協議会の母体は「盲人キリスト信仰会」であり、その創立は大正四〔一九一五〕年である。明治以降の盲人社会にあって、多くの人々が聖書に拠る信仰を得ていったことが明らかにされている。視覚障がい者自身による聖書の点字出版、商業新聞の点字版の発行を始めとして、世界に類例のない活動を展開していった。戦後、経済的な大打撃からの復興の途次、ヘレン・ケラー女史来日の際には、アメリカの盲人団体からの資金援助によって、日本盲人伝道協議会が設立された。昭和二六〔一九五一〕年には設立総会が開催され、盲人伝道の礎（いしずえ）が築かれた。

聖書に登場する盲人の癒しの物語が、彼らを信仰へと導いたことは確かである。日本においても、因果応報思想による障がい理解によって、差別・偏見の檻に閉じ込められていた視覚障がい者たちが、障がいと障がいを生きる意味とを聖書によって示されたのである。

しかし日本では、視覚障がい者を対象とした伝道協議会のみが存在し、現在も活動を続けているが、それ以外の障がい者を対象にした組織的な伝道は存在しない。ろう者、身体障がい者、精神障がい者などは、何らかの交流会はあるものの、彼らをキリスト教信仰に導くことを目的とする団体はない。このことは、ある意味で他の障がいに対する差別があることを示しているだろう。

日本の障がい児教育は、盲教育によって始まっている。盲学校が誕生し、次いでろう学校が設置されていった。西洋においても、一三世紀に最初に障がい者を収容したのはフランスのキャンズ・ヴァンという施設であり、ここには失明刑（失明させる刑罰）を受けた十字軍の兵士三〇〇人が収容されていたという。一八世紀には聾唖院がはじめてつくられた。

日本では、明治五〔一八七二〕年の学制公布に際して、「廃人学校アルヘシ」と記され、障がい児学校の設立が規定された。明治九〔一八七六〕年には麹町に「私立廃人（盲人）学校」が、明治一二〔一八七九〕年に京都盲唖院が、明治一三年に楽善会訓盲院がそれぞれ創設された。いずれも視覚障がい、聴覚障がいの学校である。平塚盲人学校の例を見れば明らかなように、上記の学校にはいずれもキリスト教信徒が多くかかわっている。

盲学校や聾学校が学制に基づいて次々と誕生したのに対して、知的障がいや肢体不自由の学校の誕生が一段と遅れていたのはなぜか。ここに問題が隠されている。第二次世界大戦後、昭和二一〔一九四六〕年の教育基本法において、障がい児の「就学免除」が実質的に決定される。昭和二三〔一九四八〕年には「盲学校・聾学校の義務制」の政令が公布されたが、知的障がい、肢体不自由の教育は、昭和五四〔一九七九〕年の「養護学校義務化」まで待たなければならなかった。盲学校・聾学校の義務化から遅れること三一年である。なぜ、このように遅れたのか。理由は単純である。健常児の学校設立が優先され、知的障がい・肢体不自由の子どもたちの学校が後回しにされたということである。盲学校やろう学校には、視覚や聴覚に障がいはあっても、知的な遅れのない子どもたちがいる。社会にとって知的障がいは有益ではないという優生思想が、ここでも働いたと見るべきではないか。

現在、日本国内のキリスト教の障がい者伝道団体の活動対象が視覚障がいに限定されている理由は、知的障がいはその対象としてふさわしくないと考えられているからである。肢体不自由児は、その八〇パーセントが知的障がいをあわせもつ重複障がいである。彼らはキリスト教宣教から排除されていることが、盲人伝道から逆に見えてくるのである。多くの教会では、知的障がい者を受け容れていない。言葉のない、社会的適応力に欠ける知的障がい者は、教会にはふさわしくないという暗黙の了解が教会には存在する。その岩盤をいかにしてこじ開けるかが、今問われていると言えるだろう。

二つ目の問いは、キリスト教界のいわゆる「社会派」と呼ばれる人たちは障がいの問題にどのようにかかわってきたのであろうか、である。

キリスト教界には、社会的関心が強く、社会の変革を目指そうとする人々がいる。かつては、貧しい人々が蒙(こうむ)っている社会的不正を糺(ただ)すという立場に立って、活動を続けたキリスト者がいた。さらに、社会的不正を糺すために政治家になっていった人たちもいる。すなわち、教会を信仰の場として考えるのではなく、社会変革の砦として活動に邁進する人々がいたのである。「社会派」と呼ばれる彼らの中には、現在でも社会の不正と抑圧を政治の問題と捉えて、闘争を続ける人たちがいる。かつての安保闘争、成田空港土地収奪闘争、横須賀の米軍原子力空母寄港反対闘争、さらに沖縄普天間基地闘争など、政治的主張を明確にしたキリスト者の活動がある。

ある年の一〇月一〇日、「白い杖を社会に訴えるデモ」が行われた。一〇月一〇日は目の愛護デーである。資料にはデモの年は記されていないが、おそらく一九六〇年代後半から七〇年安保の前後、社会全体が政治闘争に関心を寄せていた時代であろう。盲人の交通事故が続いて起きたことをきっかけとして、交通安全と盲人保護への関心を高めたいと、ある県の盲人会がデモを企画し、当日三〇〇人を越える人々によって行われたという。それは単に交通安全のためだけの行動ではなく、盲人に対する社会の偏見・差別に対する抗議でもあった。差別社会からの盲人の解放を願ったこの行動を企画した青年はキリスト者であった。彼は所属する教会の牧師や信徒にデモへの参加を訴えた。しかし、いわゆる「社会派」とされていた牧師は、盲人のデモには無関心であった。

このようなとき、私の思い過ごしかもしれないが、反体制的な社会変革にラジカルな人々が、社会福祉や奉仕活動というと、現体制べったりの運動だと決めつけて、非協力的になるという事例を考えてしまう(28)。

社会派の人たちが一貫して政治闘争を主眼とし、教会を反体制の砦と考えていることは、これまでの歴史や私自身もかかわってきたことから明らかである。私自身、障がい者、ホームレス、外国人の人たちの中で生きてきて、キリスト教会の社会派に対しては強い違和感をもっている。なぜ、苦しむ人々と共に生きることを避けるのか。なぜ、問題提起する立場にある者が、彼らと一線を画しているのか。この問題は、横浜・寿地区でホームレス支援を行う社会派の取り組みと、私の牧会する共生の教会、桜本教会の取り組みとの本質的な違いによって明確になる。社会的視野をもち、社会のあり方を模索し活動する社会派のキリスト教会と、貧しく苦しむ人たちと共に生きるインクルーシブ・チャーチとの相違である。

4　福音宣教と社会福祉の相克

(1)　公的社会福祉への移行に伴う非キリスト教化の課題

社会福祉法人の設置主体の変化は次のとおりである。

一九五六年　公立五一・八パーセント　民間四八・二パーセント
一九六四年　公立五九・二パーセント　民間四〇・八パーセント
一九七〇年　公立六五・八九パーセント　民間三四・一パーセント

この数字には、その後大きな変化はない。しかし、施設そのものの増加は著しく、民間施設も国から公の費用を受け取ることによって、公的支配がキリスト教社会福祉施設にもおよび、さまざまな制約を受けることになった。民間施設の問題は、キリスト教施設の問題でもあった。公的資金の導入は、キリスト教主義のボランタリズム、ディアコニアの精神との相克という問題を生んでいく。

一九六三年、『日本社会事業大学研究紀要』に鷲谷善教（わしたによしのり）による、キリスト教施設に言及する一文が掲載された。

宗教関係とくにキリスト教関係の施設においては、しばしば従事者自体が信者または求道者であることを求められる。……そこには教団なり個人なりの宗派に基づく独自の宗教色があり、施設は単に社会事業を実施する場としてではなく、社会事業を通じて伝道あるいは宗教教育を施す場としてとらえられている。……ここには問題がある。何故なら認可施設において行われる社会事業、措置費の対象となっている社会事業はあくまでも公的な事業だからである。……彼らに対して「宗教的行為、祝典、儀式または行事に参加すること」を強制することは絶対に許されるべきではない。それは憲法第二〇条の信教の自由を侵害することになるからである。(29)

こうして福祉国家体制が整うにつれ、その定款(ていかん)からキリスト教主義が削除されていった。この一連の流れの中で、キリスト教社会福祉施設は公立の施設へとその設置主体を変えていく。もちろん、キリスト教主義の施設は存在する。しかし、そこでの福祉活動は従来の宗教思想に基づいたものとは様相を異にしている。ここで問題は、キリスト教主義の社会福祉施設が宗教色を外され、一般の人々が経営主体となった福祉施設のあり方とは何かであり、それは同時に専門職養成教育のあり方への問いでもある。

社会福祉の専門職養成は、保母（保育士）養成から始まっている。その後、社会事業に拡大され、キリスト教主義の大学によってソーシャルワーカー養成が開始された。当初は、キリスト教主義大学がリーダーシップを取っていたのである。しかし、一九八七年、社会福祉士および介護福祉士法の成立によって、ソーシャルワーカーの国家資格制度が立ち上がる。この期に、多くの大学または新設大学が社会福祉士養成教育に参入するようになった。その結果、資格取得が最優先され、人材教育は二の次にされるということが生じてくる。そして、クリスチャン・ソーシャルワーカーの数は激減した。

社会福祉は「神への奉仕」であると、私は言うつもりはない。だが、「奉仕」を根底に置かない福祉は、本来あり得ないのである。キリスト教主義大学では、必修科目としてキリスト教概論を置き、神と人に仕えて生きる生き方を教えている。信仰に至るか否かはともかく、福祉の背後に奉仕が、奉仕の背後に「神と人に仕えて生きる」キリスト教の精神があることを教えているのである。

私の教会には、若い頃、上智社会福祉専門学校で福祉を学び、福祉の専門職として生きてきた人たちがいる。彼らはそこでは信仰があろうとなかろうと、神と人に仕えて生きるのが福祉であることを学んだという。そして彼らは、利用者への体罰や虐待などとんでもないことだと語る。ある人は、重度の障がい者施設に務めたが、その場に身を置いてほっとした自分を感じたという。重い障がいのある人に寄り添うことが、どんなに自分への励ましになるかに気づかせてくれたこの職業を天職と心から思っている、と。

要支援者にかかわる職業人には、根底に生き方の背骨が必要なのではないか。単なる、かわいそうな人たちへの同情心では通用しないのだ。共感して受け容れるには、生き方の哲学（背骨）がなくてはならない。それをキリスト教は明確に教えてくれる。では、他の大学では何を教えているのだろうか。

開校一五年目の福祉の専門大学では、福祉を看板に掲げていることに疑いを抱かせるほどの事例が続く。車椅子の学生が入学した際に、念書を書かせたという。内容は、特別な支援はしないというもので、その目的は、万が一、事故が起こっても大学は責任をもたず、その責任は本人にあるとする自己責任を確認するものである。三〇年ほど前に、神奈川の県立高校で同様の対応をしたとき、支援者たちが人権擁護団体を巻き込んで活動し、これが大きな社会問題となったからである。

障がい者から自己責任を確認する念書をとる、これは福祉大学ではあってはならないことである。障がい者に対する敬意や人権尊重の原則のない大学が、どうして福祉の大学を名乗れるのだろうか。授業中に心ない教師の言葉で傷つく学生がいる。これも教える側に、そもそも福祉職としての資質があるのかが問われるケースだ。社会福祉士の合格者を増やすことが目的となった福祉の大学には、どのような社会福祉士が求められているのかを示す哲学がないから、このようなことが繰り返し起こるのである。

キリスト教主義の福祉大学が、その根底に「神と人に仕える者」を育成するという哲学をもっていることと、そうでない福祉大学との違いは、単に人材育成の問題という枠を越えて、人が何に向かって生きるのかという信念の背骨を失った現代人のあり方を顕著に示していると言えよう。なお、従来の政治権力による「措置制度」から、利用者とサービス提供者との間の「契約制度」への転換がなされ、今日では福祉は「公の支配」から「公共の支配」の時代に入っていると言える。そこでは契約制度における独自の福祉哲学をもった福祉施設が、利用者に選ばれる可能性が高まったことに鑑（かんが）みれば、キリスト教主義をバックボーンにもつ福祉施設の新たな展開が期待できるのではないか。

(2) 神の国とこの世の国

「わたしたちの本国は天にあります」と聖書に記されている（『フィリピの信徒への手紙』三章20節）。国籍は天にあることを信じるキリスト者は、この世とどのようにかかわって生きるのだろうか。この世のさまざまな思想や社会習慣、生活様式などと、どのように折り合いをつけて生きるのだろうか。

二〇世紀最大の神学者の一人である弁証法神学のK・バルトの二つの説教から、この問題を考えてみよう。とりわけ、キリスト者の政治へのかかわりについて、聖書から二つの箇所を取り上げる。まずその一。

皇帝のものは皇帝に、神のものは神に返しなさい。

（『マルコ福音書』一二章13–17節）

皇帝に税金を納めることは律法にかなっているのか、いないのかを問うた人々に対して語った、イエスの言葉である。この問いには罠が仕掛けられていて、イエスが然りと答えても、否と答えても、命にかかわる事態となるものであった。然りと答えて税金を納めるようにいえば、ローマ帝国に従うものとして偽預言者扱いを受ける。否と答えれば、ローマ帝国への反逆者として裁かれる。どう転んでもイエスに逃げ道はないと、敵対者たちは考えた。イエスはデナリオン銀貨をもってこさせ、その銀貨にローマ皇帝の像が刻まれているのを見て、こう言った。「皇帝のものは皇帝に返しなさい」と。そして同時に、「神のものは神に返しなさい」と。

イエスが言おうとしたことはこうである。「神があなたたちに対する権力を皇帝に許している限り、あなたたちが暴力行為と不法による以外の仕方で彼から自由になり得ない限り、あなたたちが実際すべてにおいて彼に依存している限り、今のところ、彼にすなわちローマのその男にともかく服しなさい。皇帝が正当に要求することのできることにおいて、彼に従順でありなさい。彼とその代理人たちにふさわしい畏敬を示しなさい。どんな場合でも安寧と秩序を保持しなさい。公共の最善の利益のために、あなたたちの税金を納めなさい。しかし、それ以上に出てはいけない。あなたたちはローマ皇帝の奴隷になって、獣的権力を崇拝し、おもねるべきではない。あなたたちの魂は皇帝に属さない。ローマ帝国よりも大きなものに対するあなたたちの希望が、彼によって奪われることは許されない。あなたたちを清く保ちなさい。この世の諸侯は現れ、また消えていく。しかし、神は変わらない。人間の国は生まれ、また没落する。しかし神の国にふさわしいのは将来である。皇帝の法に従いなさい。しかしあなたたちの魂は、もはや神の法しかそこでは妥当しないあのより良い将来において生きるべきである。すでに今神の将来において生きているあなたたちの魂に対し、あなたたちが責任を持ちうる以上にも、それ以下の仕方でも皇帝の法に従ってはならない[30]」。

この世の権力に対しては、それは神の意思によって定められたものであるのだから、従いなさい。しかしあなたは、この世の権力をはるかに超える神の国を仰ぎ見るものとして、二番目の権力に全き服従で応えるべきではない。人の世の権力という地平に対して、神の国の到来という垂直の志向が存在する。パウロの言う、キリスト者はこの世の寄留者であるとの考えを、絶えず確認することをバルトは勧める。キリスト者にはこの世に生きる者としては別種の指標があり、それを基準として生き方を定めるべきであるというのである。そして、その二。

人は皆、上に立つ権威に従うべきです。神に由来しない権威はなく、今ある権威はすべて神によって立てられたものだからです。

（『ローマの信徒への手紙』一三章1節）

このパウロの言葉を、いかに読み解くべきか。既成秩序とのかかわりはいかにあるべきかを問うに際して、聖書のこの句がもつ意味をめぐって激論が発生した。そして、今もなおそれは継続している。なぜなら、既成秩序における悪の問題に焦点を合わせるとき、その存在理由として神に由来すると明言されることによって、神をも乗り越えなければならないという論理に陥るからである。王権神授説の時代ではなく、現代の国家権力のあり方をめぐる問いを前にして、パウロの語ろうとする意味を今、どのように受け取るべきなのか。

バルトの教義学はプロテスタント神学の礎(いしずえ)となっているが、他方でバルトは同時代のナチス・ドイツと闘った神学者でもあった。バルトは、単に既成秩序に従えと述べているわけではなく、また既成秩序と闘えと言うのでもない。バルトは既成秩序そのものを仮の姿と見ているのである。

> 我々すべてがこの影の国で実際に経験することを確認して、あまり深くこの影の国に入り込まないように警告するほかにない。(31)

国家や社会という歴史的に形成された既成の物の中で、「我々は何をなすべきか」という問いの前に立たされている私たちにとって、受容であれば「合法主義」を、拒絶であれば「革命主義」を選択することになる。しかし、バルトは前者も後者も選ぶべきではないという。そしてむしろ、後者の否定を選ぶべきであるとするのである。いわばそれは、「非革命主義」である。なぜなら革命主義に見られる巨人主義は、反動的な巨人主義よりも危険であり、瀆神的であるからである。そこには人間の力量によって世界が統治されうるというプロメテウス的傲慢が存在する。神の尺度で武装し、あたかも神が自分を通して事をなしたまうかのように振る舞うという事態が生ずる。

　パウロが、「人は皆、上に立つ権威に従うべきです」とするときの「服従」は、まったく消極的に受け取るべきである。それは退き避けることであり、反乱や革命を起こさないことを意味する。既成の秩序に叛乱を起こす者は、改心して反乱者となるべきではない。それは悪と悪との対決だからである。人間の正義の主張は、どちらも相対的なものであり、神の正義の内にとどまることが、キリスト者の務めであるとバルトはいうのである。真の革命は神によって成されるのであり、反逆者たる人間によってなされるのものではない。したがって、神の国の到来を信じるキリスト者に残された道は、影の国であるこの世に深くかかわらないことであるという結論に至る。これは、かつてのルター派に見られた、キリスト者はこの世との間に一歩の間を置くというキリスト教静寂主義なのだろうか。

　バルトは、ナチスのもつ非人間的な思想が、キリスト教の理念と真っ向から対立することを早くから認め、自らはスイスに亡命して、反ナチスを掲げるドイツ告白教会の抵抗の中心となった。バルトは、この世から隠棲する静寂主義者ではない。彼は、ヒトラーがドイツに国家社会主義を打ち立て、政治的な独裁権力を奪取する前から、これを強く批判をしていた。しかし、どの時代であれ、その時代を動かしている問題に対して、教会は沈黙することが赦されているし、むしろ沈黙すべき問題もあるとも考えていた。なぜなら教会は、教会にのみ託されたイエス・キリストの証言こそが語られるべき場であるからだ。だが、ナチスの国家社会主義は、このような問題、すなわち沈黙すべき問題なのかと問うのである。

国家社会主義が政治的実験であり、そして宗教的な救済の施設でもあるという二重性格は、国家社会主義によって出された問題を「ただ単に」政治的な問題として扱うことを許さず、直接・間接に信仰問題として扱わないことを許さない。教会は今日の政治問題に対して、どのような場合にも中立であることはできない(32)。

バルトにとっては、国家社会主義が政治的実験であるだけにとどまらず、それは新しい神の啓示として教会に押しつけられたものであった。神の領域に踏み込んで人間のタイタニズム（巨人主義）が誇示されていると考え、それに対して闘ったのである。真の革命は神ご自身が起こされる。それをキリスト者は信じるべきなのだ。キリスト者が社会的な問題と闘うのは、単にヒューマニズム的観点からする発想に拠っているからではない。それが神の名を語る人間の発想に基づいている限り、闘わなければならないのである。

M・マコヴェックの著書『マルクス主義からの問い』には、「マルクス主義とバルト神学との対決」という副題が付されている。この書は、かつてキリスト教会の社会的責任について問われ、特に政治問題へのかかわりが論議された時代の所産であった。そのような背景の中から生まれた書物であり、キリスト者の政治への関与のあり方を問う文献として読まれたものである。マコヴェックはこう述べる[33]。

福音を尊敬する者たちが、福音のもとに何よりもまず、「地上の神の王国」や実践的な隣人愛や兄弟姉妹の連帯性や悩める者たちへの助けというような理想を理解する限り、彼らに敬意を表することができる。それらが人間的な本性の夢であり……今日幾百万のキリスト者がこの理想の名において闘っていることにも敬意を表する。しかし、マルクス主義者はキリスト者に向かって次のようにいわなければならない。もう二〇〇〇年来人々はそのことを言ってこなかったか。そして少しでも変わったのか。キリスト教会の二〇〇〇年の働きの後に、この世には「啓示」の時代におけるよりもより大きな愛と平和と赦しと道徳的な正しさがあるのか。……バルトがキリスト者は不信仰な多くの人々から自らを分けることが許されず、彼らと共に人間的に連帯しなければならないと示した時、ボンヘッファーがキリスト者は究極的に無神論の事柄そのものにおいても連帯的であることができることを理解した時、あなたがたはさらに進んでこれらの人々と完全に連帯し、この時代の「使信」は、社会主義的ヒューマニズムのための闘いであると理解することができないであろうか。

マコヴェックは、バルトの弁証法神学に精通し、バルトは科学的実証主義の時代にあっても決して滅びないキリスト教弁神論を確立したとしている。「神と人間の間の無限に質的な相違」を打ち立てることにより、この世のあり方が何であれ、そのことによって神の不在が証明されるわけではなく、神への希望が失われるのでもない。キリスト教は、世界の、また個人の危機的な状況においても、神の王国の思想が生き続けることを示したと解釈する。そしてマコヴェックは、どんな宗教であれ、社会の闘いにおいて人間の活動を軽視し、ゆがめていると言う。しかし彼は、この世界の内なるチェコ国民がヤン・フスのような先祖たちにならって勇敢に闘うことを求め、キリスト教徒のヒトラーに対する抵抗を鼓舞したカール・バルトの姿勢を尊重し、彼らをこの世の軽視に陥った宗教家とは決して見なさない。

マコヴェックは、キリスト者のこの世における隣人愛の実践や社会的不正義に対する闘いを評価する。しかし、それは神の律法や召命によるものであり、決して社会における苦しむ人々との共生を目指したものではなく、正義が支配するようにこの世界を変革することを求めるものでもないという。高く評価されるキリスト者の社会的・政治的活動も、結局そこで支配しているのは教会の論理であり、神の前には人間の革命的な行動も評価されることはない。なぜなら、真の革命は神によってのみ成し遂げられるものだからだと主張するのである。

バルトとマコヴェックとの対立は平行線をたどる。それは世界に社会主義を定着させ、社会から抑圧と搾取と不正を拭い去って、解放を求める理想と、神の国に国籍をもつキリスト者の神の律法に基準を置いた倫理との相違である。

マコヴェックのこの著書は、一九六一年にチェコで出版された。第二次大戦後、世界は資本主義陣営と社会主義陣営に二分された冷戦時代にあった。彼は、究極的には無神論の社会主義が世界制覇することを信じていたであろう。しかし、それから六〇年を閲(けみ)した現在の世界は、共産主義も資本主義もそのままでは立ちゆかない状況になっている。この事態は、彼が予想しえたところではなかったであろう。社会主義が究極の理念ではないことを、歴史が証明したのである。

一方、バルト神学には、現代の状況において、とりわけ政治的にいかに対処するのかという問題に対して、それが明確な回答を提示しえているのか否かが問われている。国籍を天にもつキリスト者の社会的責任や政治的責任は、どうあればよいのか。今の時代を生きる私たちにとって、バルト神学からの直接的な回答はもはや与えられない。

5　インクルーシブ教会への道

(1)　福音宣教か社会福祉か

日本キリスト教団の紛争は、一九六九年に始まったと言われる。六〇年代後半はベトナム戦争の泥沼化による世界秩序の崩壊、ソ連のチェコ侵入に見られる社会主義国の混乱など、第二次世界大戦後の東西対立の均衡が崩れ、世界のゆく先が不透明になった時代である。日本では七〇年安保反対闘争、続く学生運動の興隆によって、社会のあり方を問う若者の蜂起によって大学闘争が高校生をも巻き込んで起こされた。「造反有理」の言葉に示されるように、社会の既存の価値観への抵抗こそが正しいとされ、「保守反動」という言葉が飛び交い、既成の秩序の崩壊が叫ばれていた時代である。

私自身もこの時代に学生時代を送った者の一人であり、いわゆる「全共闘世代」の一員である。ガス弾の臭いの立ちこめる大学の教室で受けた授業、授業料値上げ反対闘争と称するゲバ棒集団が、わが物顔で大学校内を練り歩く姿をどれほど見てきたことであろう。私自身はノンポリであり、すなわち政治青年ではなかったが、社会のあり方への疑問は強く共有していた。

しかし、学生反乱のこの時代も現在から見れば、若者の一過性の通過儀礼であったとも言える面があった。もし若者たちがそのまま社会変革を叫び、活動を続けていたなら、混乱が長く尾を引いたであろうし、多くの犠牲もまた余儀なくされたであろう。ところが、全共闘運動は自滅した。社会変革に何の足跡も残さず、学生たちは社会に適応していった。私はその世代の一人として、後の世代の人たちに、無責任を謝罪する立場にあると考えている。全共闘など決して誇れるものではない。今日の弱肉強食、貪欲資本主義の世界をつくり上げる土台をつくってしまったという一面が、紛れもなくあるのだから。

ともあれ私たちは、その時代を、現在の視点に立って俯瞰(ふかん)することができる。それ以後にどのようなことが起こり、事実として何が残ったかを歴史的に知っているからである。いわば私たちは、歴史的な総括と自己批判が可能な位置にいるのである。しかし、宗教界はそうではなかった。宗教とは理念の世界であり、真理問題に常に抵触する立場にあるからである。

日本キリスト教団の紛争は一九六九年に始まり、現在も激しい対立が続いている。教団紛争の主役である人々は、教会を革命の拠点であると叫び、闘う教会になることを要求した。こうした歴史の背景に、福音宣教と社会福祉の相克が見えてくるのである。キリストを救い主として宣教することと、また貧しく、困窮の中にある隣人を助けるという「奉仕」と、このいわば伝道の両輪が崩れたのである。貧しく、困窮の中にある人々とのかかわりは、隣人愛の行いを突き抜けて、社会活動・政治活動に転換していった。

一九七一年に出版された『教団を語る』という書物で、社会派の立場の牧師が福音派の牧師と意見を交わしている[34]。

教会の宣教は、私個人の救済とされているが、一人個人の救済に留まらないで、共同体の救済でなければならない。例えば、沖縄には多くの売春婦がいるが、その一人が教会に通い、イエス・キリストの十字架によって許され、救われたとする。それは人生に絶望しないで生きていくことは可能ではあるが、彼女は再び売春をしなければ生きられない社会に戻っていく。個人の救いで良しとするのではなく、彼女の置かれている社会のあり方の改革をめざすべきではないのか。

ここでは、抑圧されている人々の解放をキリスト教の使命と考え、それらの人々を解放するための活動が必要だと説く牧師の存在が認知され、個人の救いと社会への責任との相克が語られている。当時の活動家の中には、抑圧された人々の解放こそが、教会の目指すべき道だと主張する者も多くいた。彼らの主張は一貫していて、たとえば苦しむ人々のための福祉事業等は、体制を補完するものと見なして否定し、反体制、反権力という対決の構図にあって、闘う教会でなければならないと主張された。その主張は、今日もなお続いている。

ここでキリスト教社会派の取り組みと、私が牧会する桜本教会の取り組みとの違いについて触れておきたい。それは両者が同じ路上生活者支援という形態を取りながら、社会改革を目指すキリスト教と、苦しむ人々を包み込むインクルーシブなキリスト教との実践に現れた具体的な相違であり、その背後にある明確な理念の違いが明らかになるからである。

横浜市寿(ことぶき)地区は、日本の三大寄せ場と言われる地区である。日雇い労働者が多く住み、不況になれば日雇いの人たちはホームレスとなっていく。この寿地区に日本キリスト教団神奈川教区は、寿地区センターを設置した。一九八七年のことである。そしてその後、約三〇年にわたって路上生活者支援に取り組んできた。この取り組みの先頭に立った人たちが、社会派と呼ばれる人たちである。キリスト教会は、福音宣教から社会運動や政治活動にも目を向けるべきだと主張して、寿地区での活動を開始したのである。

寿地区センターは、寿地区での炊き出しを中心に、バザー、寿ワーク(青年を中心とした集い)、講演会、ボランティア交流会などのイベント、夏祭りや越冬活動など、多様な活動を行っている。私が所属する大学の学生たちの中にも、寿地区へのボランティア活動に参加する者は多い。

神奈川教区寿地区活動委員会の北村委員長は、次のように述べる。[35]

イエスは弟子たちに「あなたがたが彼らに食べ物を与えなさい(『マルコ福音書』六章41節)と言われました。パンとぶどう酒はまず飢え乾いている人々にこそ与えられるべきです。私たちは貧困と飢えを無くすべく、政治的、社会的改革に目を向けるように主イエスから問われ、依頼されました。……私は神の国には軍隊は必要ではないので戦争のできる国づくりに反対の運動に参加しています。沖縄辺野古の新基地建設反対の運動にも参加しています。

イエスを革命家と見る人たちには、その言葉は社会革命への訴えと聞こえるかもしれない。しかし、イエスはこの地上での革命を望んだのではない。政治闘争に参加するように呼びかけたのでもない。イエスは障がい者や病人、貧しい者、差別を受けている者など、社会において弱く、片隅に追いやられている者の中に入って、神の国の到来を告げ、悔い改めることを説いたのである。貧しい者こそ、苦しむ者こそ、神の国にふさわしいと説き、彼らと共に地上の生活を過ごされた。社会改革はあくまでも二義的なものなのである。

この寿地区におけるセンターの活動で、私が納得できないことは、活動家が宣教から一切手を引いたということである。最初は神奈川教区の「宣教プロジェクト」として始められたものであり、路上生活者を対象とした「宣教」が目的であった。しかし、路上生活者支援は、社会運動、市民活動として、社会一般のどこででも、また誰でも取り組みうる活動になっていった。キリスト教会の目指す「宣教」とは、まったく異なったものになっていったのである。路上生活者を教会に招くことも、キリストを信じる者にすることもなく、世にある社会運動の一つとなっていったのだ。

むしろ、このことが示していることの意味は重大である。路上生活者を宣教の対象にはしないという、差別や排除が根底に見えるからだ。桜本教会が路上生活者や重度の障がい者、貧しい外国人を教会の仲間として受け容れたことを知った神奈川教区の牧師たちは、それを笑いものにしたと言ってよい。「あんな連中に信仰がもてるのか。教会員になれるのか」という嘲笑である。こうした傲慢さを、寿地区で働く社会派は等しくもっている。この驚くべき差別感と排除の考え方が、社会派の人たちの根底にあると、私は考える。彼ら、虐げられている人々に福音を説くことは、そんなに間違ったことなのだろうか。彼らのためにも、キリストは死なれたのではなかったか。

寿地区の活動は、宣教を目的とするものではないが、苦しむ人たちに寄り添う取り組みであると公言される。「寄り添う」とはどのようなことなのか。寿地区活動を伝えるパンフレットには、女子大生が路上生活者に声をかける場面がアピールされている。それが寄り添いの実態であるとすれば、あまりに悲しい。このような活動は社会的にシステム化され、活動内容は飛躍的に拡大される。近くの教会では、ボランティアを宿泊させる施設もあるという。ボランティアを宿泊させるのに、路上生活者をなぜ教会に宿泊させないのか。本末転倒である。健康上の理由や災害で緊急的対応が求められる場合が生ずるが、それでも桜本教会では路上生活者を宿泊させる。それに対して、神奈川教区は、このような活動を維持するために一五〇〇万円もの献金を募る。社会派の活動は、この世的に一般受けを狙ったものとして、多くのキリスト者をボランティアとして迎える。そして、多くの教会は寿地区の炊き出しのボランティア活動に参加して、「善き業（わざ）」をしたと自認するのである。

しかし、教会の果たすべきこととは、教会の置かれた地域で苦しむ人々を迎え入れ、彼らと一緒に神の言葉を聞き、共に生きる共同体づくり（コイノニア）を目指すことである。教会を地域の苦しむ貧しい人々に開放しないで、遠くにある寿の活動に参加すること自体が本末転倒である。寿地区は各個別の教会にとって地域ではない。教会の置かれた地域には、キリストの福音を待ち続けている人々がいる。神の前に「仲間」として生きることを望んでいる人々がいる。地域から乖離（かいり）した教会は、すでに教会の使命を失っているのである。

大学教員としての私は、学生のボランティア活動への取り組みを支援している。福祉の大学として、「福祉マインド」醸成のために、また学生個人のキャリア教育の一環として、ボランティア活動の取り組みを推進さえしている。そして、そこではボランティアは原則無給であることを強調する。現在のボランティア活動では、交通費や活動費の支給を受ける有給ボランティアが増えてきているが、ボランティアはもてるものを差し出すからこそ意味がある。そのことを学生たちに講義する。つまるところ、奉仕の心を学ぶとは、仕えて生きることを学ぶことである。自分のもてる財力、体力、時間、才能などを他者のために使うことが重要であるのを学ぶことこそ、ボランティア活動である。

ボランティア活動とは、自分のものを与えて生きることの「背骨」をつくることではないのか。寿の活動の根底にある、キリスト教の「ディアコニア」（奉仕の精神）の欠如こそ、問われるべきことではないのか。社会派の人たちの根っこが問われているのである。

桜本教会では、共生の教会、インクルーシブな教会を目指した取り組みを行っている。それは、この世で苦しむ貧しい人たちと共に生きる教会である。重い知的障がい者も路上生活者も貧しい外国人も、教会で神の前に助け合い、もてるものをわかち合って生きる教会となっている。一緒に礼拝をして、一緒に神様からの食事をいただき、交わりの時をもつ。一人ひとりの思いを受け止め、支え合う仲間関係をつくっていく。人は独りではない。助け合い、支え合う存在であることを、みんなが学ぶ教会である。困ったときには助ける。当然のこととして路上生活者が教会に宿泊する。病気であったり、台風でテントやダンボールの小屋が壊されたときなどである。一時期は教会がお金を出してアパートを借りて住んでもらったこともある。行き倒れとなったナイジェリア人を牧師館に二週間泊めたことも、精神障がいで混乱をきたしている人を泊めたこともある。路上生活者の健康問題や宿泊場所、職業や人間関係の相談に応じることも多い。共に生きる仲間であればこそである。神の前の交わりである。女子大生が路上生活者に声をかける程度のことを、寄り添うとは言わない。一人ひとりを大切にすることから、教会への信頼が生まれてくる。

桜本教会では、二六年間にわたる路上生活者と生きる取り組みによって、四七人が洗礼を受け、教会員になった。寿地区での受洗者は皆無である。この違いは一目瞭然である。桜本教会は、路上生活者を宣教の対象であると考える。寿は宣教の対象とは考えない。そこには、明らかに差別・排除の思想が根底にあるのである。

(2) インクルージョンの視点から見えるもの

これまでキリスト教の福音宣教と社会福祉の相克について考察してきたが、それでは混迷する現在のキリスト教はどうあったらよいのであろうか。とりわけここでは、日本基督教団の福音派と社会派との長きにわたる対立を見てきた者として、インクルージョンの視点からの教団・教会改革を提言する。

二〇一八年二月に、私は神奈川教区総会において牧師の按手礼（あんしゅれい）を受け、三月に桜本教会で牧師就任式を行った。これまで四〇年間、伝道師として教会に仕えてきたが、正式に牧師となり、主任教師として教会運営の責任者となった。

神奈川教区常置委員会や教区総会の席上で、牧師への志望動機を語る機会があり、そこで所信を述べた。以下は、その内容の要点である。

Ⅰ　牧師招聘は、桜本教会員一同の強い希望によるものであること。

Ⅱ　桜本教会が、約四〇年間にわたって一貫して苦しむ者、貧しい者の教会として、共に生きる共生教会、インクルーシブ教会を目指してきたことと、そのことに深くかかわっている私が新しい牧師にふさわしいと、教会総会で確認されたこと。

Ⅲ　桜本教会は、障がい者、ホームレス、貧しい外国人、犯罪からの更生者、アルコール依存症などの支援を必要とする人たちが、教会に集ってお互いが支え合う教会を形成してきたこと。

Ⅳ　桜本教会がこのようなインクルーシブ教会として踏み出したことに対して、教区の牧師たちは障がい者やホームレスと一緒に生きる教会づくりと聞いて、それを笑いものにしたという経緯がある。彼らに信仰がもてるのか、一緒に教会生活ができるのかと批判したのである。宣教の対象は普通の人々であり、特殊な支援を必要とする人たちではない。彼らは福祉の対象になるべき人々であり、むしろ、そのような人たちを教会に入れることによって、地域社会から教会が排除され、孤立することになる。そのように語って桜本教会のあり方を批判した牧師たちに対して、私は具体的な宣教の成果を挙げて反論した。ホームレスの支援は二六年になるが、その期間に洗礼者は四七名になり、彼らは教会の枝として教会に仕える信徒になっている。障がい者、外国人とも助け合う関係が築かれている。キリストの教会が共生の教会でなかったら、どこに共生社会が実現するのかと、指摘したこと。

Ｖ　キリスト教が衰退期に入り、このままでは教会そのものの存立が危ぶまれる危機的な状況にある。しかしその事態の本質は、これまでの教会が聖書に書かれている共生教会、インクルーシブ教会からまったく逸脱し、苦しむ者、貧しい者を排除してきたことにあり、今こそ聖書に立ち帰ること、そしてインクルーシブ教会を目指すことが教会のありうべき将来像ではないか、桜本教会はその意味で、今後のキリスト教会のあり方のひな型となりうるのではないかと主張したこと。

右のような所信表明を行ったところ、大きな反響があり、さまざまな研修会や修養会、講演会に招かれるようになった。桜本教会の取り組みが、強いインパクトを与えた証であろう。

(3)「地の果て伝道」から「人の果て伝道」へ

あなたがたの上に聖霊が降ると、あなたがたは力を受ける。そして、エルサレムばかりでなく、ユダヤとサマリアの全土で、また、地の果てに至るまで、わたしの証人となる。

（『使徒言行録』一章8節）

ペンテコステ（聖霊降臨）によって初代キリスト教会が誕生し、以来全世界を対象に宣教が行われてきた。ヨーロッパから見れば、地の果てであるようなアフリカ、中南米、アジアなど、文字通り地の果てと言えるような土地に宣教師たちは入り込んで、キリスト教の布教に努めた。その結果、世界中の至るところに教会が誕生し、キリスト教は世界宗教になっていった。もちろん大航海時代、植民地主義のお先棒を担いで、先住民族を制圧する侵略の一端を担ったという事実はある。今日もなお、その植民地主義は差別と排除の世界を形成し、インクルージョンの抵抗勢力としての役割を果たしている。

さらにいえば、今日のキリスト教がイエス・キリストの教えを忠実に守り、神と人とを愛する宗教になっているかと問えば、これは甚だ疑問である。「隣人愛」や「奉仕」（ディアコニア）の精神が、すべての教会で実践されているとは言いがたい。たとえば、アメリカの保守的な福音主義教会は、既成の保守層の宗教となって、世界中に差別と非寛容の政策を推進する大統領を熱烈に支持しているからである。イエスの教えや初代教会の、苦しむ人々や貧しい人々を教会の兄弟姉妹として迎え入れる姿勢は、ここには見る影もない。聖書には、ユダヤ人もギリシャ人もなく、貧しい者も富める者もない、みんなが神にあって一つにされているとある。そのことをなぜ信じないのか。それは何もアメリカに限ったことではない。まさに日本のキリスト教会に対して、「キリストの教会とは何か」が鋭く問われているのである。

二月の按手礼を共に受けた教師の中に、「桜本教会の取り組みの大切さは理解できるが、教会はもっと普通の人々に宣教をするべきだ」と語った人がいる。「普通の人々」とは誰か。それは社会において誰の世話にもならず、社会人として自立して生きている人々、会社勤めができ、家庭人であり、子どもを育てる人たち、税金を納め、特別な支援を受けなくても生きていかれる人々である。このような人々は財政的に教会を支え、心配事を起こさない良識人であり、彼らこそキリスト教の宣教対象となる人々であると考えている。

長くそのような固定した教会観があり、教会の重荷と考えられる人々を排除してきたのが、日本のキリスト教である。それが聖書の教えに立つ教会であると言えるのか。

私は、インクルーシブ神学を提言し、教会は聖書の教えと、初代教会の取り組みに戻るべきではないのかと提言している。それは一言でいえば、「地の果て伝道から人の果て伝道」への転換である。福音宣教が届いていないところがある。否、正確にいえば、始めから宣教の対象として排除されている人々がいる。意図的に忌避されてきた、苦しむ者、貧しい者、抑圧されている人々こそ、キリストの愛を告げるべき人たちではないか。

F・ゴンサレスは著書『キリスト教史』〔前掲書〕において、欧米のキリスト教は終焉の時代を迎えていると記している。キリスト教が社会的支配層の宗教となって、自分たちの権益を守るための宗教となり、貧しい者、苦しむ者、抑圧された人々を排除してきたことの報いを受けているのだ、と。そして他方で、明日の食事に事欠く中南米やアフリカ諸国の人々がキリスト教に希望を見出し、信徒が爆発的に増加していることを強調する。
キリスト教とは、貧しい者、苦しい者、抑圧された人々の宗教なのだ。このことを無視した欧米や日本のキリスト教は、いままさに終わりの時を迎えている。しかし、道は残されている。イエス・キリストが共に生きた人々、初代教会が大切に迎え入れたさまざまなニーズのある人々、支援を必要とする人々と一緒に教会を形成すること、すなわち共生の教会、インクルーシブ教会の形成こそが、真の教会としていつの世にあっても、神の恵みを高く、世に知らせる教会として生き続ける。

私は今こそ原点に立ち帰り、福音宣教を「地の果て伝道から人の果て伝道」に転換すべきであると考え、これがキリスト教の存在理由であり、発展の根拠ともなることを信じて疑わない。

福音宣教に立って教会運営を図ってきた福音派は、社会的関心を失うことによって、「隣人愛」や「奉仕」(ディアコニア)の精神を失ってしまった。その結果、苦しむ人々への関心を喪失した。社会派への反発が、社会に目を向けることを拒み、この世で「小さくされた人々」に対する「イエス・キリストの眼差し」まで放棄させてしまった。教会の中に「社会委員会」を設置して、さまざまな社会問題を考える組織は、かつてどこの教会にも存在した。障がい者などの差別問題、災害などの被災者救援、人権やハラスメント問題、カルト宗教対策など種々の問題を取り上げて、キリスト者としていかに考え、取り組むべきかを探った。現在では「社会委員会」そのものが廃止され、社会に対する関心を封印している教会は多い。社会派との対立が、このような状況を生んでいるのだ。
福音宣教と隣人愛とは、キリスト教会の中核的理念である。その一方の隣人愛を喪失させたことが、福音宣教の退潮を招いているのである。

(4) インクルーシブ教会へ

ここまでに、日本基督教団において対立している福音派と社会派の、それぞれの当事者たちに分けもたれている、社会的少数者である貧しい者、苦しい者、抑圧された人々に対する差別や排除について指摘した。では、その一方の当事者である社会派に対してさらに問われるべきこととは何か。すでに述べてきたように、福音宣教を個人の救いに押し込めてしまうことの誤りを指摘し、社会全体の救済こそが大切であると主張する社会派の人々の問題は、かつて全共闘世代の牧師や神学生が「造反キリスト者」として、教会を社会運動や政治闘争の拠点とすべきだと主張した伝統が、今日もなお政治に積極的にかかわるべきとする彼らの考え方の基盤として色濃く残っている。

歴史的にも、社会変革の最前線において、キリスト者が常に闘ってきたのは事実である。しかし、彼らの主張はイエス・キリストの生きた共生の思想や、仲間として神の国の到来を手を携えて待ち望むことから逸脱していった。それはすでに述べたように、バルトの語る、革命におけるタイタニズム（巨人主義）である。そこでは神による革命よりも人間の手による革命が先行するのだ。そこにあるのはヒューマニズムに対する盲目的な信頼である。神の目から見て、人間の正しさなど無きに等しい。人の語る思いについて、バルトは次のように言う[36]。

いつも「美しいこと」と「真のこと」とを、「祝福されていること」と「キリスト教的なこと」とを混同しやすい。……「腹」と呼ばれているものには心も頭も属しているのであり、「腹」とは自分の力で生き、また生き抜こうとしている人間を指している。

若い頃から私なりに教団内の対立を見てきた。私自身が地上にある教会のあり方を模索していたからである。社会派の人たちとは、たくさんの議論をしてきた。議論の核心は、いつもキリスト教が目指すのは個人の救済でよいのか、ということであった。個人が救われたところで、世界は何も変わらない。不正義と搾取がなくならないこの世にあって、キリスト者はどう生きるべきか、どう行動すべきか、いつもその問いの前に引きずり出された。若い共産党員のクリスチャン医師は、私の教会の近くの病院の勤務医であり、神学生の私はその病院の事務のアルバイトをしていた。彼と私の夜勤が重なると、よく議論となった。私がリヤカーを引いて生活困窮者の引っ越しを手伝ったり、酔って道路で寝ている人に声をかけたりするのを、彼は知っていた。彼は私の行動を認めつつも、でもそれは何人かの人生を支えることで終わる。むしろ何百人、何千人を救うことこそ必要ではないか。そのためには政治行動が不可欠ではないかと説いた。私はキリスト教とは、イエス・キリストの告げる神の国の福音を信じることであり、人生において、それが最も重要なことだと主張した。社会的正義が実現することと、キリストを信じて生きることとは別のことである、と。社会派と福音派との論争の構図である。そこで異なっていたのは、彼の社会全体を対象とした政治的活動へのかかわり方と、私の貧しく苦しんでいる人々への極めて個人的なかかわり方とであった。

社会派の中心人物であったある女性牧師とは何度も語り合った。彼女は教会にとどまるか、あるいは教会の外に出て社会運動に専念するかのいずれが神の意思であるのかを問い続けていた。しかし彼女は、事情があって桜本教会の礼拝に出席するようになり、考え方が変わってきた。それは、桜本教会に集う人々がそれまで彼女の知っていた教会の人々とはまったく異なっていたからである。社会変革を掲げた行動や主張は、貧しく苦しい人生を送る人々との共生の教会の中では、実際の行動の役に立たない。そこは個々人を支える現場であり、政治的・社会的活動の現場ではなかったからである。

社会派の人たちはこう主張する。教会で礼拝をするだけで社会はよくなっていくのか。祈っているだけで社会は変わるのか、と。それは私が四〇年前に神奈川教区総会で准允（じゅんいん）（補教師）を受けた際に、会場から問われたことでもある。このような主張を前にして、壇上に立たされた者は、激しく信仰を揺さぶられる。私は簡潔に答えた。神は生きておられる。神が社会や歴史を導かれることを心から信じている、と。

桜本教会が川崎市の路上生活者支援活動を始めたのは、一九九四年である。当初は「水曜パトロールの会」との協力関係の中で始まった。夜間に教会でホットレモンをつくり、毛布や衣類をもって路上生活者を訪ねることが、その第一歩であった。その後、「川崎市の路上生活者と共に生きる会」を結成して、市役所に支援を要請するようになった。パン券、冬季の避難場所としての体育館の開放、定期的な健康診断など、一六四の項目にわたって交渉を行った。一万三〇〇〇人の署名を集め、交渉場所に臨んだ。そしてその結果、要求が通り、行政による支援が開始された。その交渉の責任者が、桜本教会の藤原繁子牧師であった。しかし、私たちの教会と「水曜パトロールの会」との間に入った亀裂が決定的となり、袂をわかつことになる。原因は明確である。「水曜パトロールの会」の中心は、新左翼の政治運動家であり、川崎市との交渉のイニシアチブをキリスト教会に渡そうとせず、自分たちが握ろうとした。彼らによる教会に対する嫌がらせも続いた。決定的だったのは、一般市民の理解を求めるために設けた市民集会への路上生活者の出席を、彼らが意図的に止めたことである。教会が「川崎市の路上生活者と共に生きる会」を結成して、市民の理解を求める路線を敷いたのに対して、政治運動家たちはその行動を「権力への闘争」と位置づけていたからである。教会は路上生活者との共生社会の実現に向けた取り組みを行っていたのだが、「水曜パトロールの会」はそれをあくまで政治闘争、革命運動と捉えていたのだ。

ある日曜日の礼拝に、路上生活者が大勢出席している中で、礼拝にきた運動家はこう主張した。

教会は一緒に礼拝をすることで満足しているが、ここにいるホームレスは社会の犠牲者であり、政治権力によって抑圧されている人たちである。彼らの解放のために、教会は立ち上がるべきである。なぜ、政治闘争として立ち上がらないのか、と。

教会の礼拝など、抑圧者の解放の視点に立てば何の意味もない。教会の活動は、彼らを抑圧している権力者の側に立つものである。革命的な闘争によって解放を目指すべきである。このような主張に対して、この場はそのような議論をする場ではないと、私は強い口調で押しとどめた。教会は苦しむ者と共に生きる神の避難場所である、と。

寿の活動を「政治闘争」であると位置づけて、冬場になると「越冬闘争」の文字が躍る。路上生活者支援に政治闘争としての意味合いをもたせることには、主催者の強い意図が働いている。障がい者の問題であっても、外国人の問題であっても、彼らが現在の日本社会のあり方を変えることのできる人たちであることを、私は認める。しかし、それは「政治闘争」によってではない。彼らと一緒に生きることを目指すことは、強く闘争を主張する人間の政治的な営みと、その背景にある自分たちの主張の正しさの確認とは異なるものである。革命は常に「人間的な正しさ」を担った人々によって起こされるが、罪人である人間の絶対的な正しさなど、私には率直に言って認められない。それは、人には正しいことなど何もないことを知るまでに要した八年間にわたる求道生活の、私なりの結論である。人の思惟など、神の思いに比べれば、何の意味もない。人は、神の裁き、神の導きに膝を屈するだけである。そして苦しむ者と共に生きることである。路上生活者や精神障がい者、行き倒れの外国人と共に居住をし、支え合って生きる場所が教会である。

桜本教会は、社会にあって抑圧され、苦しむ者、貧しい人たちと一緒に生きる「インクルーシブ教会」である。苦しむ人たちと共に苦しむこと、苦しみの現場に共にあること、苦しむ一人の人の隣り人になること、それがイエス・キリストによって求められていることではないか。

教会は、この世の高邁な理想を説くところではない。苦しむ者、貧しい者が神の前に心を一つにして「共に生きること」を実現する場所である。神の前に礼拝を捧げ、神からいただく食事を共にし、神の前で心を開いた交わりの時をもつ。神の前でめぐり会わされた仲間として、助け合って生きる場所なのだ。地上では決して実現しない「共生社会」「インクルーシブ社会」のひな型として、「共に生きること」の神の恵みを示すところである。

再びバルトの言葉。


人間を人間仲間のあいだにあって、素晴らしく思わせるものはすべて仮面である。[37]

第四章　インクルージョンとは何か

1　インクルージョンという概念

インクルーシブ教育を提唱するP・ミットラーは次のように語っている。インクルージョンとは、社会的排除の源泉として、貧困と社会的・教育的不平等とを見据え、社会正義や機会均等を要求するものである。インクルージョンは、すべての人が選択と自己決定の機会を保持することを求める。インクルージョンは、社会のあり方、教育のあり方への指針を示すヴィジョンなのである、と。(1)

もともと、北欧の福祉哲学から生まれたインクルージョンの理念は、障がい児教育の分野で、そのあり方をめぐって論議されてきた。一九八〇年代のアメリカでは、メインストリーミング（障がい児と健常児とを、同じ学校、同じ教室に置き、社会生活を送らせる。ノーマライゼーション）やインテグレーション（障がい児が通常の学級で学ぶ、統合教育）に取って代わり、使用されるようになってきた。だが、インクルージョンの語は多義的であり、さまざまな意味を含む言葉である。一般的には通常の教育と障がい児教育との分離を前提として両者の統合を進めるメインストリーミングやインテグレーションに対して、インクルージョンは本来、健常と障がいとは分離できないとして、統一したシステムの学校教育を要求するものである。

また、インクルージョンは教育の分野だけで用いられるものではなく、社会的な排除に焦点を合わせ、社会の中にある差別や排除を解消しようとする運動の理念としても使われている。いわゆる、ソーシャル・インクルージョンである。

インクルージョンとは、それについてたとえさまざまな考え方の違いがあるにしても、特定の事柄を理由として排除するのではなく、お互いが受け容れ合い、支え合って生きる共生の理念であると、私は考える。北欧の福祉哲学から生まれた「排除しない社会の理念」は、今日では多くの国や機関が賛同し、推奨されるようになっている。高齢者の問題から出発した共生の理念は、福祉分野にとどまらず教育においても、また社会のあり方についても目指すべき世界の潮流となりつつある。日本では、とりわけ教育問題として障がい児と健常児とを分離する教育を廃し、一体化しようとする取り組みとして知られているが、それにとどまらず、社会的排除にかかわるすべての事象においてこの理念が優先されるべきものとなる。

日本において最初に福祉分野でインクルージョンが取り上げられた例として、神奈川県福祉部において三〇年ほど前に、今後の福祉のあり方の中心としてインクルージョンが紹介されたことが挙げられる。だがその後、インクルーイジョンは、今日に至るまで障がい児教育の課題としてのみ取り上げられることが多かった。それは障がい児教育の分野では長く、障がいのある子どもと健常の子どもとの教育のあり方をめぐって、統合教育（インテグレーション）というあり方が大きな議論を呼んでいたからである。

統合教育は、障がいのある子どもたちを通常の学校や学級に入れることによって、差別のない教育環境の実現を目指した運動論であった。端的にいえば、これはある種のイデオロギーとして作用し、絶対の正義が、絶対の規範がそこには存在すると考えられていた。そのため、運動家たちは強く自説を主張した。そこでは場所や時間の統合が強調され、健常の子どもたちとは異なる場所や教育内容は差別であると断定された。それは障がい者に対する差別や排除への怒りから始まったものであった。

こうした統合教育の運動に対して、インクルージョン（包み込み）は、そもそも人を障がいと健常に二分できるのかという人間観への問いから出発している。これは障がい児教育の場で発せられた統合教育とは異なり、教育や福祉の根底にある人間哲学から始まったものである。

インクルージョンの意味するところをまとめると、次のようになる。

インクルージョンとは、さまざまなニーズのある人々を包み込み、支え合う社会のあり方を指す。教育におけるインクルーシブ教育は、ソーシャル・インクルージョンの一面である。民族、言語、宗教、性別、障がいなどの理由で排除（エクスクルージョン）するのではなく、子どもの個別的ニーズに合わせた愛情豊かな教育を目指し、一人ひとりの違いを祝福し、歓迎するという価値観に基づいている。ソーシャル・インクルージョンの視点からみれば、排除、差別、偏見の現れとみられる従来の「排除事象」への反省をもとに、共に支え合う共生社会づくりを実践する理念となる。

インクルージョンは包み込み、一体化と訳されるが、対概念のエクスクルージョンをみればその意味するところは明らかになる。すなわち、「排除しないこと」である。教育の分野においてこれは、障がいなどさまざまなニーズがあろうとも、弾き出さずに一緒にやっていくことを目指すのである。社会全体の問題としていえば、障がい者、高齢者、外国人、ホームレス、貧困家庭、犯罪者などを、壁をつくって外に追い出すのではなく、お互いが理解し合い、受け容れ合い、助け合うことを目指すのである。障がいの問題についていえば、目指すインクルーシブな社会の到来と共に、「障がい、障がい者」という言葉そのものがなくなると言われる。「障がい者」として特化してみていくのではなく、自然に支え合う意識や仕組みが出来上がっていて、特別な対応を必要としない社会になるということなのだ。

そもそもインクルーシブな社会では、障がい者と健常者との間に境界線は引けず、障がいは健常と明確に区別されない。「人はすべて障がい者」という認識がそこにある。

教育史上、有名なサラマンカ宣言（一九九四年）では、次のように言われている。

サラマンカ宣言

1 どのような子どもであれ、教育を受ける基本的な権利を持ち、満足のいく学習水準を達成・維持する機会が与えられるべきである。

2 すべての子どもは他の人にはない特徴、関心、能力と学習ニーズを持っている。

3 そのような個々の特徴やニーズを考慮して教育システムを構築し、教育実践を行うべきである。

4 通常の学校は特別な教育的ニーズを持つ子どもたちに対して開かれていなくてはならず、個々のニーズに対応できるように子どもを中心にした教育の実践や配慮がなされるべきである。

5 インクルージョンの理念を持った学校は、差別的態度と闘い、すべての人を喜んで受け入れる地域社会を築き上げ、万人のための学校を達成する。さらに大多数の子どもたちに効果的な教育を提供し、究極的には費用対効果を高めるものとなる。

このサラマンカ宣言は、インクルーシブ教育宣言であり、ユネスコ、EU、国連が積極的に支持し推進している。日本の教育界でも、「インクルーシブ教育システム構築」のための議論が始まり、今後の教育のあり方が検討されている。

しかしインクルージョンは、教育や福祉といった特別の領域のことではなく、社会全体が、さまざまな領域で、境界線や枠をつくり、そこから弾き出すのをやめることが求められている。それがインクルージョンの理念である。インクルージョンが理念であるということは、これから達成されなければならない理想であるということだ。理想は段階的に達成されていくこともあれば、社会や時代の状況によっては行きつ戻りつすることもある。いや、状況によっては何十年、何百年かけても達成不可能という場合もありうる。

たとえば、「戦争のない世界の実現」は、第二次世界大戦後の国連を始めとした、多くの国々の理想であった。しかし、戦後七〇年を経過した今、戦争のない世界は実現されていない。むしろ、世界が終末へと突入するかのような時代となり、平和は永久に人類の手の届かないものであるかのようにさえみえる。しかし、平和な世界の実現は、これまで果てしなく戦争を繰り返してきた人類の希望である。戦争は国と国とを戦わせ、人と人とが殺し合い、巻き込まれた一般市民から多大の犠牲者を出す、紛れもない不幸だからである。戦争に巻き込まれた子どもたちの悲惨な姿に、私たちは言いようのない悲しみを覚える。戦争は人間の人権を奪い、人間の尊厳を根底から否定し、人間の生きる意味を根こそぎ奪う。

実際に戦争が起こっている現実、それは平和よりも別の価値を求める人たちがいることを示している。人を殺すことも厭わない、別の価値がそこにあるのだ。戦争をしてまでも手に入れたい価値とは一体何だろう。

このような人類の営みをみてくると、絶対的な理念である「平和」ですら、人類が永遠に達成できない理想になりつつあると思われる。だが、平和こそ、たとえ私たちの生きている時代には実現できなくても、仮に何百年かかろうとも必ず実現させるべき理想であることは間違いないのだ。しかし、すべての人がそのようには考えない時代になってきているとさえ懸念される、昨今の様相である。

インクルージョンも今の時代には、「平和」と並んで実現不可能と思われる理想である。インクルーシブ教育がすべての学校において実現されるよう、私はさまざまな取り組みを行っている。地域ではホームレスや障がい者、外国人の人たちとの共生の取り組みをしている。そうした中でも、私が生きている間に、共生社会と誰でも認め合えるような社会が実現するとは考えていない。現在の状況からみれば、それはずっと先のことである。私が夢見たインクルージョンの社会は、私の死後も多くの人々によって実現に向けた取り組みが行われていくだろう。それは私だけではなく、多くの人の求めるべき理念であり、価値だからである。

インクルージョンとは、「共生社会実現」の理念である。たとえそれがどんな理念であれ、理念の前には、必ずそれを妨げる対抗勢力が出現する。既得権を主張し、共生よりも自分たちの利益を優先する勢力である。それゆえ、平和のための闘いと同様に、強く根を張った、長く粘り強い闘いが求められる。理解の輪を拡げ、排除が正しくはないことを、また排除はされる側だけではなく、する側にも深い傷を残すことを知らせなければならない。敵ではなく、仲間として一緒に生きる人間像をつくりだし、共に生きる社会を追い求めていかなければならない。

そして他方で、インクルージョンという価値観を否定する人々の存在も、また受け容れなければならない。排除を肯定する人々、差別を良しとする人々もまた、排除された人々なのだから。貧困にあえぐ低所得層の人々が、移民や難民に仕事を奪われたと考えて、彼らを追い出そうとするのも、彼らが社会の恩恵を受けられなかったがゆえである。正社員になれない人々が、生活保護受給者やホームレスを悪し様に嫌悪するのも、自身の身の上を受け止められない心情があるからなのだ。自身を受け容れられなかった者が、どうして他者を受け容れられるだろうか。排除や差別の背景には、社会の不平等や不公平の問題が横たわっているのである。現在の社会の仕組み、政治のあり方を根底から見直す時がきている。

2　インクルーシブ教育

二〇一二年、文部科学省は、「共生社会の形成に向けたインクルーシブ教育システム構築のための特別支援教育の推進」という報告書を発表した。この中で共生社会については、次のように提言されている。

報告書ではまず、共生社会がこれまでに実現できていなかったことを踏まえて、共生社会とは障がい者等が積極的に参加できる社会のことを指すものであること、相互に人格と個性を尊重する社会、個々人の多様なあり方を認め合い、かつ全員参加型の社会を示すものであるとしている。

過去の歴史において、その存在が否定的にみられ、社会の片隅に追いやられてきた人々が大勢いたことを直視し、「排除しない社会」こそが「共生社会」であることを記している。

報告書は、この共生社会の実現に向けた、「インクルーシブ教育」の必要性を重くみて、障がいのある者と障がいのない者とが共に学ぶ仕組みについて触れ、障がいのある者が教育制度一般から排除されず、生活する地域の初等中等教育の機会を与えられること、また個人に必要な「合理的配慮」が提供される等が必要であるとしている。

また、ここで言われている「積極的参加」と「全員参加」のもつ意味は大きいと思われる。障がい（児）者の処遇については本人の意思よりも周囲の人々（保護者、教員、指導員など）の考え方が優先される場面がある。しかし、個人の意思は誰によっても代弁されるものではない。本人自身の意思の尊重こそが大切なのだ。また、社会に合わせて障がい者のほうが歩み寄るのであれば、共生ではなく同化となる。「積極的な参加」とは、それを迎える社会の側の歩み寄りが必要になるのである。つまり、共生とは、ただ一方的に受け容れるだけではなく、それぞれの主体的な歩み寄りが前提になければならないのである。その点が明確でないと、「障がい者の受け容れ」というように、社会の側が上から目線をもって「受け容れてやる」ということになりかねない。共生には、支援する者、支援される者といった上下関係はない。「全員参加」とは、みんなで一緒に何かをすることの喜びの感情が込められているものだからである。

これらは、インクルーシブ教育が、共生社会実現に向けた重要なステップであることを示している。

私がかかわってきた神奈川県のインクルーシブ教育について紹介しよう。神奈川の教育には、これまでもインクルーシブ教育への展望を見据えた教育を実施してきた歴史がある。ノーマライゼーション（メインストリーミング）の流れを受けて、「共に学び、共に育つ教育」を教育の根幹に置き、国の「特別支援教育」ではなく、「支援教育」を打ち出した。これは、障がいや発達障がいを対象にする国の方向性とは異なって、さまざまなニーズのある子どもたち全員を対象とするものである。二〇〇七年には教育ヴィジョンを公表し、共に育ち合うことを念頭に置いた「インクルーシブ教育」を目指すとそこに明記され、教育委員会の機構改革によって、「インクルーシブ教育部」が設置された。

現在、取り組まれている神奈川県のインクルーシブ教育は次の通りである。

(1) みんなの教室構想

障がいのあるなしにかかわらず、すべての子どもができるだけ通常の学級で共に学びながら、「必要な時間に適切な指導を受けることができる別の場」で学ぶ仕組みであり、その教室の名称が「みんなの教室」である。特別支援学級に在籍する子どもたちは原則として通常の学級に在籍し、必要に応じて「みんなの教室」で適切な指導を受けることを展望した試みである。神奈川県は支援教育を基盤としているため、対象は障がいに限定されない。不登校や外国籍等、さまざまな教育的ニーズに対応するものとなっている。インクルーシブ教育を障がい者に限定する国や都道府県とは、その点で一線を画している。

(2) インクルーシブ教育実践推進校(パイロット校)

県立高等学校で障がい児を受け容れるパイロット校を選定し、実験的な取り組みを行っている。これまでも神奈川県立高等学校では、発達障がい者を前提とした「クリエイティブスクール」(二〇〇九年)や、通級による指導のための学級(二〇一八年)を開設してきた。

そして、二〇一七年より三校の高等学校をパイロット校としてスタートさせ、各学校に二一人の知的障がいの生徒を入級させている。また、そのために高等学校を軸として、地域の小学校、中学校、特別支援学校がチームとなってインクルーシブ教育を推進する体制をつくり、地域におけるシステム化を図ってきた。三年間が経過し、三校のパイロット校の実践が終了した時点で、二〇一九年度より一四校の実践推進校を指定し、推進する予定である。

また、インクルーシブ教育についての一般県民への理解啓発の試みとして、二〇一五年度より県内各地で、「インクルーシブ教育フォーラム」が実施された。年四回の開催、出席者は平均二五〇人に達し、参加者の四三パーセントが一般県民であり、ここでは多くの意見が出された。それらを参考に、今後の県の方針をつくっていく予定である。

また、県立麻生養護学校（私はここに初代校長として勤務）では、インクルージョン研究として、「養護学校在籍者を地域の学校へ移行促進の研究」という文字通りのインクルージョンに取り組んできた。養護学校において教育的成果を上げ、居住地の学校へ戻す取り組みであるが、通常はいったん特別支援学校に在籍した子どもを、地域の学校に戻すことは容易ではない。居住地交流の制度を活用して、地域の学校の授業を受ける機会を増やし、最終的には全面的に戻していくというものであった。その推進のためには、地域の学校の理解こそが求められる。転校後の授業での対応やアフターケアも特別支援学校の役割だが、さまざまな課題を克服し、何名かの子どもたちを地域の学校に戻していった。

以上は、通常の学校と特別支援学校の壁を乗り越えたインクルーシブ教育の例である(2)。

こうして、私が神奈川県のインクルーシブ教育に携わって五年が経過した。教育サイドであれば、教員や保護者の理解は得られやすいだろうと考えてきたが、実際には容易に進展しなかった。その背景には、従来の教育システムでは通常の教育と障がい児教育との間にほとんど接点をもたせず、壁の向こう側の出来事としてきたこと、つまり相互理解が決定的に欠けていたことがある。今まで障がい者に触れたことのない通常の学級の教師にとっては、インクルーシブ教育の出現はまさに青天の霹靂（へきれき）とも言えるものである。だからこそ、戸惑いや拒否感が大きい。また、インクルーシブ教育推進の要となる特別支援学校の動きがよくない。インクルーシブ教育は小・中・高等学校の課題であり、自分たちには関係がないと考える教員が多かった。私が目指したインクルーシブ教育は、まだ二〇パーセントにも達していない。教育でさえそのような状況にあることは、それだけ共生社会実現への意欲が乏しい社会であることを如実に示している。

3　地域で取り組むインクルーシブ教育

共生社会実現に向けた意欲の低さは社会全体の問題だが、私はその原因を、現代日本の差別と排除の社会における、国民の意識や政治のあり方に求めてきた。だが、キリスト教的にいえば、人間の本質は罪であり、隣人関係すらまともにつくれないのが人間の本質であることを考えれば、地上で共生社会が実現することに安易に希望をもつことはできない。だが、キリストの共生に従うように召された者は、それを追い求めることが神に仕えることであると信じている。

社会や政治といったレベルの公的な取り組みに期待できない以上は、個人の置かれた状況において共生社会実現のための取り組みを行うことが大切だと考える。文字通り、今できることを精一杯仲間と共に行うことが大切ではないかと考えるのである。個人で行うこと、教会の仲間と一緒に取り組むこと、また志を同じくする者が手を組んで立ち上がること、これではないだろうか。教会やキリスト者は、沈黙していてはいけない。

(1) 福祉教育の充実を

福祉教育の授業を、私は大切にしている。それがインクルーシブな社会の実現への一歩と信じているからである。本当に小さな一歩だが、それが大きな成果をもたらすことを期待している。

かつて、養護学校を開設するに当たって地域住民の反対運動に遭(あ)ったとき、大人社会の強い偏見や差別を目の当たりにした。また、同じ地域で高齢者施設や不登校のための「適応指導教室」設置計画に反対した人々が多くいたことも知った。「共生」や「支え合い」という理念が地域には稀薄であることを知ったとき、私は大人社会の変革は困難だということを思い知った。それならと考えたのが、教育によって社会を変革することであった。「大人は古い価値観の中に住み込んでいて変えられない」、だが「子どもには変わる可能性がある」。教育者として「福祉教育」を自らのライフワークと私は考えるようになり、現在も小学校や中学校で福祉の授業(障がい理解教育)を続けている。

現在の教育界で大きな問題となっていることの一つは、道徳教育の教科化である。私は道徳教育よりも福祉教育を学校教育の根幹に据えることが大切だと考える。それはさまざまなニーズのある人々とかかわり、触れ合う中で、相手と向き合うことの大切さや、相手から気持ちと思いが引き出されていくのを感じ取る経験をさせることこそが、「人になる」教育の原点と考えるからである。

福祉教育と道徳教育との違いは、一言でいえば、生活する上で助け合う関係をつくり出す教育と、社会において正しいとされる規範意識をもたせるための教育との相違である。さらにいえば、福祉教育は差別や偏見の背景にある社会のあり方に目を向ける。だが、道徳教育は大人社会のつくり出した規範をそのまま受容するものであり、社会への批判精神は育たない。社会に対する批判精神を学ばない子どもたちをつくり出す社会に、未来への希望はない。共生社会を形成するために、大切なのはどちらなのだろう。

(2) ボランティアの今日的意義

ボランティアの今日的な意義とは何だろうか。現代人は私事的事柄に強い関心をもつ傾向がいっそう強くなり、地域や職域における連帯感や所属感が薄れていて、みんなで取り組むことが困難な時代になってきていると言われる。今の時代のボランティアは、「人のために何かをする」というより、もう一度、人とのつながり、連帯、所属意識をもつことに寄与すると言われるようになってきている。

たしかにこのような状況を打破して、社会的連帯感を創り出すものとしてボランティアが推奨されている。孤独死、無縁社会という言葉にうかがえるような、日常生活での小さな支え合い、助け合いが社会からなくなってきていることへの強い懸念もあるのだ。

「グッドネイバーズ」というボランティア・グループは、一人暮らしのお年寄りを訪問し、見守りや生活面での支援を行い、孤独の中にいる人たちとの社会的なつながりのための接点を見出し、孤独感や孤独死を少しでも解消しようと取り組んでいる。それは、同時にボランティア自身も、人とかかわることで、人からの支えを強く経験するということでもある。この取り組みは小さな生活面の支えだけにとどまらず、人とのかかわりに重点を置いたものであり、文字通り「良き隣人」の役割を果たしている。

そしてそれらに加えて、ボランティアはインクルーシブ社会へと歩むときの担い手であるという点を、私は主張したいと思う。取り組みを始めて間もないボランティア体験者が一様に語る言葉がある。「ボランティアをやってみて、障がい者への偏見がなくなってきた」と。実際に触れ合い、かかわり合っていくことで、今までもっていた障がい者への偏見や差別が根拠のないものであったことがわかったと、語る人は多い。今までは隔離されて社会に出ることの少なかった障がい者には、つくられた偏見がまとわりついている。「障がい者は恐い、汚い、何をするかわからない、そして犯罪予備軍だ」といういわれなき偏見や差別が、隔離を通して定着していった。「養護学校や障がい者施設が、障がい者をつくる」という警告もある。地域に出さず、地域の人々との交流もさせない養護学校が、社会から隔離され、「知られざる存在」としての障がい者をつくっていく。囲い込んだ場所でのあまりに手厚い指導は、人への依存心を育て、自立心を奪っていく。養護学校の元校長であった立場から、このように言うことに、私にためらいがないわけではない。しかし、インクルーシブ社会の実現というより大きな理想の前では、養護学校の理想は色褪せてくる。

そのような状況にある養護学校や特殊学級、施設でのボランティア体験をした人々が、障がい者は同じ人間であると知ったことを、さらに家庭や地域に戻って周りの人に語ることによって、差別や偏見が取り払われていくことを、私は信じたい、いやそれを切に願う。言葉を換えるなら、ボランティアは学校や施設を地域社会に開いていく役割を担っているということだ。社会の風を学校や施設に入れることによって、それらは開かれたものとなっていく。

要はボランティアとは、地域社会をインクルーシブなものに変えていく担い手なのだ。彼らはインクルージョンの戦士として新しい社会形成の役割を負っていると、私は思う。私の大学では、地域の社会福祉協議会と連携して、毎年ボランテイァ養成講座を開いている。そこから毎年一〇〇人以上のボランティアが誕生し、そして養護学校におけるボランティア研修会には、地域の教会の信者が参加し、支援してくれている。

(3) 新しい時代への挑戦

二〇〇三年に障害者基本法が策定されたが、そこには基本方針として、こう記されている。「二一世紀の我が国が目指すべき社会は、障害の有無にかかわらず、国民誰もが相互に人格と個性を尊重し支え合う共生社会とする必要がある」と。この目標が掲げられるに至った背景には、現在でも障がい者差別が厳然として残っていることの認識がある。

二〇〇九年の「障害を理由とする差別等に関する意識調査」によれば、国民の多くは障がい者との共生を含む、共生社会に対する関心が低いという結果が出ている。

・「あなたは障害のある人もない人も、誰もが社会の一員としてお互いを尊重し、支え合って暮らすことを目指す『共生社会』という考え方を知っていますか」という質問への回答。

知っている　二二・二パーセント
言葉だけは知っている　四一・七パーセント
知らない　三六・一パーセント

・「あなたは現在、日本の社会には障害のある人に対して、障害を理由とする差別があると思いますか」という質問への回答。

あると思う　三四・二パーセント
少しはあると思う　四八・三パーセント
ないと思う　三・七パーセント
わからない　四・八パーセント

・「あなたは障害を理由とする差別が行われている場合、差別を行っている人の意識についてどう思いますか」という質問への回答。

意図的に行われている差別が多いと思う　六・〇パーセント

どちらかというと、意図的に行われている差別が多いと思う　二二・三パーセント
どちらかというと、無意識に行われている差別が多いと思う　五四・四パーセント
無意識に行われている差別が多いと思う　一〇・八パーセント

この調査結果は、障がい者の存在と差別への関心が極めて低い状態にあることを示している。共生社会について「知らない」と答えた人が、全体の三分の一にも達していること、また障がい者差別がないと答える人がわずかでもいるということは、障がい者への日常的な関心が欠落していることを如実に表している。さらに、障がい者差別が無意識に行われているとの回答が全体の六五パーセントにも達していることは、障がい者の人権の尊重が国民一人ひとりの意識のどこにも置かれていないことを示している。

この調査から導き出されるのは、まず第一に障がい者が差別・排除された時代があまりに長く続いたことで、障がい者につきまとう「障がい者は怖い」「障がい者は何もできない人」「社会の役に立たない人」のイメージが固定されてしまったということが挙げられる。それは同時に、障がい者とかかわり合い、触れ合う機会が少なかったことを意味している。学校や職場に障がい者がいなかったことが、そのような状況をつくりあげてきたのである。

「養護学校や福祉施設が障がい者をつくる」という考え方がある。障がい者を学校や施設で囲い込んでしまうために、地域の人々との自然なかかわりや触れ合いを奪ってきてしまったのでは

ないか、というのである。しかし、これは関係者だけが襟を正して聞くべき言葉ではなく、すべての人々が、このような「囲い込み」について考えるべきなのではないか。障がい者や高齢者は、現在では極めて身近な存在になっていて、誰もが自分の問題として考える必要があるのだ。

インクルーシブ教育は、障がいのあるなしにかかわらず、共に学び活動する教育施策だが、その目的は差別や排除をしない子どもたちを育成することにある。つまり、共生社会を実現する人間を育てることだが、教育問題のみの工夫と努力で共生社会が生まれるわけではない。問われるべきは、教育によって共生社会が果たして実現するのか、教育にそれほどの力があるのかということだ。教育はしばしば時代の巨大な波を受けて、まっすぐ進むことの困難な状況に直面する。時の政治によっても強い影響を受け、教育の理想から外れることもある。歴史がそれを証明している。戦争が起これば、教育の理想など片隅に追いやられ、理念を説くことも難しくなる。

二〇世紀は戦争の時代であった。それを経験した人類は、二一世紀こそ戦争のない時代にしようと決意して、さまざまな試行を行ってきた。民主主義、基本的人権の尊重、公平や平等の視点からの社会改革、社会の構成員のみならず国際社会における人権や貧困問題にかかわる貢献、そして教育においては平和教育がある。戦争の悲惨さを子どもたちに伝え、平和の大切さを考える教育に取り組んできた。

しかし、二一世紀になって、戦争は終結したと言えるのだろうか。むしろ、戦争による人と物、両面の大きな被害が日常的に報道されることに慣れた私たちは、被害者の思いに寄り添うことすらも断念してはいないだろうか。そして、最終戦争による人類滅亡の危機に恐怖を覚えるまでになっている。七〇年前に目標とした教育による平和な社会の実現は、絵に描いた餅となってしまった。人類は何をしてきたのか。理想や理念の実現を阻む厚い壁がある。何百年かけても人類の歴史から戦争がなくならないこと、これは取りも直さず、インクルージョンという高い理念に基づく教育による、共生社会の実現に向けた努力が確実に実を結ぶ保証はないことを示しているのではないか。そしてこのことを、教育問題に限定して捉えるのではなく、障がい者をはじめする特別な困難さを抱えた人々を受け容れ、支え合う共生社会への努力が、いま私たち一人ひとりに求められているということではないか。市民の意識の高まりがなければ、共生社会は実現しない。上からの、つまり政治的・制度的・法律的な転換と、その方向性を確かなものとするのは、一般市民の力である。

そうした市民のあり方の実現に向けて働きかけることが、教会の役割やキリスト者の使命として求められているのではないか。

4　イエスの共生から

(1)　聖書の障がい理解

福音書と『使徒言行録』に現れる障がい者の癒しを通して、聖書は何を私たちに伝えているのか。H・イェーネは次のように要約している(3)。

一、障がい者に関する特殊な人間学は存在しない。障がいにおいて、普遍的な人間存在の症候が明らかになる。
二、イエスの救済は、同一のあり方、同一条件で障がい者と非障がい者に贈られている。
三、障がい者と非障がい者の共同社会の共同性を構築するのは、救済への同一関与である。
四、救済は癒しとの関連の中にある。
五、イエスとの交わりは、障がい者との包括的な共同体を作り上げる。

福音書は、イエスの言葉と業(わざ)、特にその死と復活を通して、神の国の到来が迫っていることを伝えている。そうした中で、私たちの目を障がい者に向けさせるのはイエス自身なのだが、それも障がい者が他の人々と一緒にイエスと出会っていることを示すことによってである。

イェーネは、障がい者と非障がい者、罪人と義人、貧者と富める者の区別なく、彼らに向かってイエスは同じ言葉を発することに注目する。それは終わりの時に、「自分たちは神の前に貧しい者であり、何も持たない者であること」に気づいて、神の国に与(あずか)ることを待ち望むものになることであるという。障がいがあろうがなかろうが、貧しかろうが豊かであろうが、神への服従を要求されている人間として同じであることを強調するのである。

イェーネの主張は、イエスによって障がい者を包み込む共同体を形成することである。障がい者は、社会の中で疎(うと)まれ、排斥されやすい人々だが、イエスによる救いという一点で、人々は彼らと共同体を形成するのである。イェーネの主張は、聖書の示す使信が、「インクルーシブな共同体」を形成する根拠となるということを柱としている。

しかし、ここで問題とされるべきは、キリスト教の歴史において、また現在も、現実に存在する教会がそのような共同体として形成されてきたか否かである。

(2) 障がいと自然神学論争

かつてプロテスタント神学論争として、「神の像論争」があった。「神は御自分にかたどって人を創造された」(『創世記』一章27節)と言われる。その「神の像」とは何かをめぐる論争である。バルト対ブルンナー論争としてよく知られている。ここでブルンナーはその堕罪にもかかわらず、人間と動物とが異なるのは「言語能力」によるとして、そこに「神の像」をみようとした。対してバルトは、人間の側に「神の像」はなく、それは神からの呼びかけ、問いに応えていく「応答責任性」を指すのだと主張した。

ブルンナーが「神の像」の根拠を人間のもつ「言語能力」に求めたのに対して、バルトはそれを自然神学だと批判したのである。堕落した人間の側からは、神に至る道は存在しない。神の側から人間を語ろうとするバルトからすれば、ブルンナーは自然神学の残滓を残していると考えられた。

「神の像」、言い換えれば人間が人間である所以をどこに求めるかをめぐるこの論争に関連して、私はこう考える。たしかに、人間と動物とを分けるものは「言語」だと主張する人たちがいる。そう主張する人たちに問いたい。では、言語をもたない障がい者は人間ではないのか、と。正確に自分の意思を言語化できない人たちは、人間ではないのか。また、人は言葉で「イエスを救い主」と告白して救われるというが、言葉で告白できない人たちに信仰はないのか、と。

私は障がい児教育の専門家として、「言語」の意味を正確に規定する必要があると考える。他者の言語を理解する「理解言語」と、自分の意思を他者に伝える「表出言語」とを分けて考えるべきである。たとえ、表出言語をもたずとも、すべての人は思いを表出したいという意思をもっている。それを表出しえない人たちの問題は、当事者の問題ではなく、聞き取ろうとする周囲の側の問題である。今日の障がい児教育の到達点がそこにある。

この点を踏まえていえば、「言語で信仰を告白する」とは、本来的には「意思で信仰を告白する」と言い換えるべきである。なぜなら、言語に限定されてはならない、人間の置かれるさまざまな状況があるからだ。キリスト教の歴史において、「表出言語能力」のない人たちが、教会から排除されてきたという事実がある。そこには、知的障がい者だけではなく、聴覚障がい者も含まれていた。それは、人のもつ言語能力に対する一方的な理解や過信があったためだといわざるをえない。今日でも、この点によって教会の扉が閉ざされている人々は数多く存在している。

私には、自然神学論争における「言語能力」も「応答責任性」も、障がい者抜きの神学観・人間観に立っているものと思われる。

5　障がい学とキリスト教神学との融合

神は人間を創造された。バルトによれば、これは二つのことを意味している。一つは、人間の創造とは、創造主である神に責任を負う存在としてつくられたということである。人間は、神の契約相手として創造され、神への応答が求められている存在だということである。二つ目は、神との契約関係に生きることは、他の人間との関係においても、出会いを通した存在として、他者に責任を負うものだということである。こうして人間に具わる人間性とは、その本性からして連帯的人間性であるということが結論となる。

『創世記』二章18節の「人が独りでいるのは良くない。彼に合う助ける者を造ろう」の「助ける者」とは、「彼に差し向かう者である助け手を造ろう」の意であり、この「差し向かい」こそが、「神の似姿」なのだ、とバルトは言う。

単なる助け手ではなく、向かい合う存在であるということ。この神に差し向かってつくられた者は、同時に隣人としてつくられた女とも差し向かう存在である。男と女の創造は、ただ単に異性として支え合うことを意味しているだけではない。隣人に向かい合う者としてつくられた人間は、他者を肯定し、他者を励ます存在でもあるのだ。[4]

今日言われるところの「共生的人間」とは、お互いに理解し合い、助け合い、支え合う人間存在を示している。しかしキリスト教では、単に助け合う存在ではなく、お互いが差し向かう存在であると言われる。人間的な地平での支え合いではなく、神と差し向かう存在ということが、その前に、そして基礎に置かれている。この垂直的な関係性が、人間社会の「共生的人間像」に深くくさびを打ち込んでいるのである。

さらに、人間は孤独な存在ではない。神の契約相手としての人間は、神の呼びかけに応答する者としてつくられている。そして同時に、隣人に対しても応答を求められているものである。神は人を求められる。人はその求めに応ずるように、予めつくられている。だが、人は一人の人間として生まれてきたのではない。二人で一人の人間として生まれてきたのだ。

私は障がい者とのかかわりを通して、「二人で一人の人間」というあり方を身をもって学んだが、ここでそのことにかかわる二つの事例を挙げよう。

(1) 二人で一人の人間

ある自閉症の男性は、今から二六年前に洗礼を受けて信徒になった。養護学校高等部を卒業後に通所の作業所に自宅から通い、日曜日に礼拝にやってくる。重度の知的障がいがあり、神奈川県では四段階の療育手帳（障害手帳）において最重度の「A－1」判定である。こちらの指示はある程度理解できるが、自分から話すことはない。自閉症特有のこだわりや独語があり、コミュニケーションの障がいがあって、自分からかかわろうとすることはない。

読字能力がないので、聖書を読んだり、賛美歌を歌うことはできない。ところがある日、賛美歌の歌詞の一節を教えると正確に声に出して歌えることがわかった。短期記憶力は自閉症の優れた特徴の一つである。そこで礼拝で歌う賛美歌では、歌詞を前もって一節ずつ教えて歌うようにさせた。音階はまったくとれないので、奇妙な歌声ではあるが、これが彼の賛美であることを、私たちは知った。

だが、賛美歌を大きな声で歌いたいという私の思いは、彼に歌詞を教えることで実現することがなくなった。これは随分、欲求不満を強いるものだった。しかし、まさにそのとき、人間の創造の秘義を知らされたのだ。神は「二人で一人の人間」をおつくりになったのだ、と。私は読み手として、彼は歌い手として、正しく二人で一人の役割を果たしている。神の人間の創造の意味を、このとき私は明確に知らされた。助け合い、支え合う人間、それこそが神の創造の意図なのだ、と。

彼と二人で賛美歌を歌う。時には彼の呼吸や鼓動を感じながら、時には歌っている彼の唾液がかかることもある。ときどき私を見てニヤッと笑うこともある。目を合わせようとしない自閉症の彼が、私の心と一つになる瞬間である。神はたしかに二人で一人の人間をおつくりになったのだ。

(2) 差し向かいで生きる人間

重度障がい者とのかかわりの中から、「差し向かいで生きる」ことを学んだ。私は障がい児教育に長くかかわったが、軽度の知的障がいの子どもたちの指導が中心であった。新設校の校長として赴任したとき、教育委員会にいた当時の同僚から、校長になったら最重度の子どもたちをいつも心にかけてほしいと言われた。それは重度の子どもたちに関心を向けることで、教員も保護者も、そうした校長の姿勢に安心感を与えられるからだという。私は毎朝、新設校の医療的ケアを必要とする重度の肢体不自由の子どもたちの教室に通った。

最重度と言われる子どもたちの中には、身体能力の点でも、コミュニケーション能力においても、他者と関係することの困難な子どもたちがいた。しかし、担任は言葉のない子どもたちのわずかな動き、顔の表情やときどき上げる声の様子から、その子が何を望み、何を訴えているのかを読み取っていく。ほとんど寝たきりの状態で、サインと言えるものは何もないその状況で、意思を読み取るのだ。教師たちはその子の目をじっと見つめて、さまざまな声かけをする。それに対する反応を正確に読み切っていく。それはプロの技術であった。私は何年もこの子たちとかかわり、何を言わんとしているのかを読み取ろうとした。何回かはこれだと思えるものもあったが、プロの技を身につけるまでには至らずに退職することとなった。

言葉も動きもない子どもたちとコミュニケーションをとる秘訣は、じっと目を合わせること、こちらからの言葉がけは必ず聞かれている、わかっていると確信をもって行うこと、できるようになると信じること、それが差し向かうことであるのを、私は知った。それは相手の存在の奥底に迫ることである。言葉やジェスチャー、サインによる意思表示のできない子どもたちの意思とは何かを読み取ることは、相手と顔と顔を合わせ、目を見つめて息づかいや心臓の鼓動を聞きながら、うめきや喃語(なんご)の発声や小さな表情の変化、わずかな身体の動きが何を意味するかを模索することである。

教育では、教師が子どもと向かい合うことの大切さが語られる。家庭では、親子の向かい合いが勧められる。真正面から向き合うことで、人と人との関係が生まれる。だが、この障がいのある子どもと向き合うことは、ただの向かい合いではない。言葉やサインという意思伝達の手段のない子どもたちには、相手の心の中に探針を差し入れていくことで初めて伝わってくるものがあるのだ。

ドイツ語のGegenüberを「差し向かい」と訳すが、真正面から相手の心に切り込んでいくのが、「差し向かい」である。沈黙の相手、何を求めているかがよく理解できない相手に対して、相手の心の奥底に探針を差し込んでその意図を探る。それが「差し向かい」なのだ。神は何を求めておられるのか、神の御心（みこころ）を探ることが、差し向かうことである。私たち人間の神への応答は「責任応答性」（Verantwortlichkeit）であり、これは相手の呼びかけに全責任をもって応えていくという意である。これは被造の者の、おつくりになった方の呼びかけに対する態度である。

私は、表出手段のない重度障がい児の声を聞き続けることが、「差し向かい」であり、「責任応答性」であることを学んだのである。

6　排除しない社会の理念

インクルージョンについてはすでに述べたが、その考え方によれば、インクルーシブな生き方とはなにも教育や福祉の特別の領域のことではなく、社会全体が人と人とが差し向かう環境となること、境界線や枠をつくってそこから弾き出すのをやめることを意味している。教育や学校をキリスト教や教会に置き換えてみればよい。初期のキリスト教は聖書に基づいて、苦しむ人々を積極的に迎え入れ、教会を形成してきた。インクルージョンの理念は、そもそもキリストの言動と、それを記した聖書の中に明白に示されているものであった。

『ルカ福音書』における障がい者の記事は、イエスは障がい者、病人、異邦人、貧しい者など、社会的排除の対象となった者たちと常に一緒であったこと、彼らを福音の対象と当然のように考えられていたこと、むしろもたざる者こそが神の国の福音にふさわしいという、地上の価値観の逆転がそこにあったことが示されている。

障がい者の癒しは、到来する神の国の先取りであり、宣教の道を整えさせたのは、路上に打ち棄てられ、物乞いをしていた障がい者であり、共同社会から排除されてコロニーに住む障がい者であった。救い主が誰かをはっきりと知っていて、晴眼者にそれを伝えたのは目の見えない盲人であった。

聖書に示されている障がい者は、今日で言う「インクルード」された人々であった。イエスの物語、『使徒言行録』の物語は、インクルーシブ社会の原型に、そしてインクルージョンの理念に満ちている。

インクルージョンという思想は、本来は聖書に根ざしたものであり、キリスト教の歴史や教会において実践されてきたものだと、私は考えている。しかし同時に、「エクスクルージョン」(排除)もまた、キリスト教と教会との大きな伝統であったといわざるを得ないことも事実なのだ。

インクルージョンの視座から、もう一度キリスト教と教会のあり方とを検証してみることが、今こそ必要ではないか。それは、「排除」と「不寛容」とが現在の社会のあり方を象徴する時代となってきているからである。キリスト教は、その始めから排他的な宗教であったわけではない。

それゆえにこそ、「愛の宗教」と呼ばれたのだ。もう一度、この観点から聖書を読み、あらためての教会形成を考えるべきではないか。

第五章　ホームレスの母
――インクルーシブ教会（共生の教会）への歩み――

インクルーシブ・チャーチとは、どのような教会であろうか。それはすでに見てきたように、キリストの共生を教会生活の中で生きる信徒の群れの教会である。理念や理論で終わるものではなく、キリストに示された共生を具体的に実現しようとする教会である。聖書に示されている地上でさまざまな困難を負って生きる人々と一緒に生きる教会である。「苦しむ人々」のための教会、「貧しい人々」のための教会ということではない。貧しい者も富める者も、共に生きる場が教会であり、教会そのものが神との交わりによって共生に向かう場所となるのである。キリストの指令によって、教会から送り出され、貧しい人々の場で奉仕するのではなく、苦しむ人々の声を代弁して社会に向かって語るのでもない。神によって立てられた教会そのものが、共生の場とされ、お互いが支え合い、励まし合って、キリストの再臨を待ち望み、神の国へ召されるまで手を握り合って神を見上げる教会である。

そのような教会づくりを目指してきた桜本教会の取り組みをここに示すことは、これからの教会のあり方のひな型となりうると思われる。否、それはそもそも聖書に示される本来の教会の姿であると考えられるのである。

1　インクルーシブ教会への歩み

川崎市南部にある桜本教会は、一九五七年に日本基督教団美竹教会の伝道所として設立された。美竹教会の浅野順一牧師（青山学院大学神学部教授）は、社会の中で労苦している労働者への伝道をするべきと考え、伝道所の設置に取り組んだ。牧師浅野順一、伝道師関田寛雄を教師として迎え、桜本伝道所が発足した。そして、その八年後に教会となった。

東京の大教会である美竹教会の労働者階級への伝道の思いは、開かれた教会を意識したものであり、知識人の集う教会運営への批判から出発したものであった。しかし、「底辺伝道」や、「底辺で生きる人の気持ちを知りたい」という美竹教会の総会議事録に示された文言からは、裕福な知識人の上からの目線が露骨に感じ取れるものであった。

当時の教会は、母教会の雰囲気をそのままに、知識階級の集う場所となり、礼拝後には、「ハイデルベルク信仰問答学習会」や「信仰問答」などが行われていて、時には信徒が説教をそれぞれの思いで語る自由主義教会の雰囲気に満ちた教会であった。牧師の説教を俎上に上げて、さまざまな角度から批評を行う「信仰問答」があり、それは神の言葉を受け止めるという福音理解から離れ、神の言葉を前にして真剣に耳を傾ける者の姿とは大きく異なるものであった。聴衆が神の言葉を吟味する立場に立つまでになっていたのである。桜本は労働者の街であり、日雇いの人も多く、朝鮮人の多住地区であり、貧しい人々の暮らす街であったが、そんなことで地域の人々はほとんどいない教会となっていた。地域に開かれた教会とはおよそかけ離れたものでしかなかったのである。

今でも日本のキリスト教会には、さまざまな学習会が設けられているところが多い。聖書研究会、神学研究会、聖書通読会、ギリシャ語学習会、教会懇談会など、教会は学ぶところということが一般通念としてある。キリスト教は知識を学び、詰め込む学校形式のものとして日本社会では認知されてきた。私が通い始めた桜本教会の初期の姿もそのようなものであった。

しかし、四代目の藤原繁子牧師が赴任して、教会の雰囲気が一変した。初代浅野順一牧師は、この地域において女性牧師では宣教は不可能であろうと考え、女性牧師の招聘に反対した。地域の特性から女性では到底困難と思ったのだろう。だが、藤原繁子牧師は男性牧師にしか務まらないと思える桜本に、何のためらいもなく赴任してきた。

藤原牧師は、もともと社会のあり方に対して教会もかかわるべきであるという考えをもっていた。当時、教団も教区も福音派と社会派とに分かれ、激しい対立が続いていて、藤原牧師が教団の教師検定試験を受けて牧師になること自体、難しいと思われる状況にあった。教会のあり方、牧師の姿勢がそこでは常に牧師の召命感に直結し、それを丸ごと反映してしまう状況であったからである。藤原牧師の按手礼に際して教区の牧師たちは、このような時代に牧師になるべきでないと反対する人たちも多く、自分たちがすでに牧師であることへの自己批判もなく、新牧師の誕生を阻もうとする人たちも少なくなかった。「教会で礼拝をするだけで社会は変わるのか」、「祈っているだけで社会はよくなるのか」という問いが、按手礼を受ける藤原牧師に向けて次々と出された。まるで教会や牧師は社会変革の砦でなくてはならないというかのような、社会派の強い影響下にあった時代が続いていたのである。藤原牧師は、そのような教団・教区の状況の中で、牧師への召命を受けたのであった。

当初、藤原牧師は、教会も牧師も社会にかかわるべきであるという社会派の人々と同じ考えをもっていた。彼女の活動は政治闘争や地域福祉など、実に多岐にわたる。アメリカ原子力潜水艦の横須賀寄港に対する抗議行動では、デモ隊の先頭に立ってシュプレヒコールをし、選挙戦では革新政党の街宣車に乗って、応援演説を行い、自民党政治を強く批判していた。また、地域の福祉活動としては、高齢者の給食配布のボランティアや、重度の障がい者施設での介助のボランティアにも積極的にかかわっていた。そして、川崎のホームレス支援活動である。

やがて藤原牧師は教区の社会派の人たちから、「日本のシモーヌ・ヴェイユ」と称されるようになっていった。言うまでもなく、フランスのカトリック哲学者シモーヌ・ヴェイユになぞらえて言われたものである。シモーヌ・ヴェイユは若くして哲学教師となるが、組合活動に熱中するあまり、教職にとどまることができなかった。採石場の失業者と握手をしたことを保守系新聞が報道し、スキャンダルになったこともある。これらは組合活動が大学にとっても社会にとっても、強く反発を呼ぶものであったことを示している。

やがて、哲学教師を休職した彼女は工場労働者となる。そして、ここで彼女は決定的な体験をするのである。その体験は、「不幸の体験」として意識化され、それがカトリックの信仰との結びつきとなった。

ヴェイユは工場で働きながら、工場労働者が魂のない奴隷と化している姿を見るだけでなく、自らもそれを体験するようになる。人間の不幸は、そのただ中にいる本人にも気づかれないままに思考力を奪い、人格を喪失させていく。この体験は彼女をカトリックに誘う契機となった。スペイン市民戦争に参加し、人間の自由と幸福の獲得のために闘ったヴェイユは、第二次世界大戦中、三四歳の若さで死去する。

藤原繁子牧師が、シモーヌ・ヴェイユに譬えられるのには理由がある。藤原牧師は、お茶の水女子大学哲学科の出身であった。哲学を通して生きることの意味を問い続け、真理探究の道をたどった彼女が最後に得たものは、キリスト教信仰であった。同時に、貧しさの中で苦しんでいる人々への高い共感力は、彼女の大きな特性であった。

幼少期の経験が彼女のそのような人格をつくり上げたと言える。三人姉弟の次女として東京に生まれる。父親は大工の棟梁をしていて、家には若い職人が多く出入りし、裕福であったという。

それが一転するのは、父親の突然の病死によってである。一家の大黒柱を失った家族は、母親の働きに依る貧しい生活へと落ち込んでいった。さらに、東京空襲が激しくなった戦争末期、長野県の親戚を頼って彼女だけが疎開をする。そこで待っていたものは、一〇歳の少女の労働力への期待であった。重労働の農作業が日々の日課となった。彼女の言葉によると、その家の近くを流れる川の上流にため池があり、そこで入水自殺を図ろうと何度も考えたという。

戦後、東京に戻った彼女は学習意欲に目覚め、都立上野高校に入学する。そこで真理問題について、いつも議論している友人に出会った。後の東京大学教授、松丸道雄である。彼は、藤原繁子がいかに鋭い真理探究者であったかを語ってくれたことがある。

その後、彼女は生きる意味を模索するままに、お茶の水女子大学哲学科に入学。そこではカントとハイデガーを学ぶことになる。そして卒業後は、高校教師となって生徒に数学を教えた。

その人生が一変したのは、最初の結婚の失敗によってである。自殺を図ったが未遂に終わり、一命を取りとめる。その経験と前後して、キリスト教信仰への求道が開始される。教会に通い始めてわずか三カ月で洗礼を受け、すぐに宣教者としての召命を受け、教師を続けながら神学校に通う。「不幸の体験」によってカトリックへと導かれたシモーヌ・ヴェイユの人生と藤原繁子の人生とが重なって見えてくる。やがて横浜市にある上大岡教会の伝道師となり、桜本教会の牧師となる。

そして、藤原牧師は、そこからさらに大きな転身を遂げる。脳梗塞の後遺症を抱えた高齢者と日常的に交わり、精神障がいで錯乱する在日朝鮮人や行き倒れとなった見ず知らずのナイジェリア人を家に泊めて支え、アルコール依存症の労働者や犯罪からの更生者、礼拝に訪れるホームレスの人たちとの交わりをもったことによってである。桜本地区にいるさまざまな重荷を負った人たちとの出会いによって、社会派の牧師は、共生の教会づくりを目指す牧師へと変わっていった。

社会派は一人の救いではなく、社会全体の救いを求めての活動を目指す。しかし一人ひとり、個々の事情を抱えてさまざまな重荷を負う人たちとのかかわりは、社会を変えようとする取り組みとは一線を画するものである。今、目の前で苦しむ人に何ができるか。それは苦しむ人と空間・時間を共にすることであり、その苦しみを受け止めて共にいることではないのか。デモや選挙演説など政治批判の運動は、結果として個人との苦しみの場の共有には向かわない。そう考えるようになった彼女は、徹底して個人とのかかわりの中に生きるようになる。その共有の場こそが、教会であると認識した彼女は、苦しむ者、貧しい者、社会から排除されている人々を教会に積極的に招き入れるようになる。教会は、苦しむ人たちと共に苦しむ「共苦の場所」とならなければならない。大切なのは、苦しむ者同士がお互いに胸襟を開き、嘆きの声に耳を傾け、一緒に苦しむことではないのか。支えるのではなく、お互いが支え合う関係性を生きる「共苦の場所」こそが、彼女の追い求めた先にあったものであった。

しかし、桜本教会がホームレスや障がい者、貧しい外国人を教会に受け容れて一緒に礼拝し、食事をし、交わりの時をもつようになることが神奈川教区の牧師たちに知られるようになると、牧師たちは嘲笑った。ホームレスや障がい者に信仰がもてるのかと問うた。ホームレスや重い障がい者を教会に入れて一緒に礼拝することなど、考えられないことであったからだ。彼らにとってはホームレスや障がい者、外国人は支援の対象であって、宣教の対象とは到底考えられなかったからである。そのような牧師たちの批判を聞いた藤原牧師は、教区総会を含めてさまざまな集会に一切参加しなくなった。彼らには桜本を理解できない。その思いが、彼女の心を頑なにしていった。そんな様子を見て、「桜本教会は孤立している」という人々もいた。しかし、神奈川教区長の中には理解してくれる人もいて、桜本教会が孤立しているなら、その責任は神奈川教区にあると、そこまで追い込んだことについて謝罪されたこともあった。

当時の神奈川教区では、宣教が困難な特別地域を選定し、そこでは重点的な宣教プロジェクトで対応することを検討していて、その特別地域に寿町と桜本地区が選ばれた。寿町は日雇い労働者の街、ホームレスの街として知られる。桜本は朝鮮人多住地区であり、貧しい労働者の街である。この教区の決定は、何と当事者である桜本教会を抜きに行われ、プロジェクトの検討が始まっていた。当然、桜本教会は教会の自治権の侵害であると反対する。しかし、寿町ではすでに社会派の人々が中心となってプロジェクトを展開していた。寿町と桜本の活動とでは寄って立つ理念が本質的に異なっている。社会派の活動家を中心とする寿町での運動は、ホームレスや貧しい人々への食事の提供という社会活動に徹している。そこには宣教は一切ない。だが、桜本は彼らと共に生きる場として教会を提供する。神の家族として支え合って生きる関係性が基にある。それは信仰の仲間として生きることを目指した取り組みなのである。

一九九四年、桜本教会はホームレスへの支援活動を開始する。始めは藤原牧師のポケットマネーによって賄(まかな)われていた「うどん配食」は、その後教会全体の活動となり、翌年から木曜日と日曜日に食事の提供、衣類の配布、さまざまな相談の受理などが始まった。

この活動は、当初は社会派の牧師たちが主導していた「水曜パトロールの会」との協働で始まった。その後、川崎市の「路上生活者と共に生きる会」が発足し、行政からの支援を引き出す交渉が始まった。「共に生きる会」の会長であった藤原牧師は、路上生活者にアンケートを実施し、それを一六八項目の要求にまとめ、川崎市役所との交渉に臨んだ。その交渉に必要な請願署名活動は桜本教会が中心になって取り組んだ。礼拝後には川崎大師で、川崎市の行政的対応を求める署名活動も行った。路上生活者に対する社会の偏見や差別の厳しさを実感したのも、署名活動を通してであった。教会学校に通う小学生の署名の訴えに対して、「ホームレスは社会のゴミだ。あんな奴らは死ねばよい」と怒鳴られて小学生が泣き出したこともあった。しかし、一万三〇〇〇の署名を集めて、交渉に臨み、川崎市から一日六六〇円のパン券支給、年末年始の体育館の開放、半年ごとの健康診断を引き出した。当時の川崎市福祉課長が私の務める大学の教員になっていて、行政のホームレス対策の中心人物であったのだが、その彼は次のように語った。藤原牧師が交渉の中心でなければ、新左翼の活動家の過激な言動を抑えきれなかったし、彼女がいなければ、川崎市との交渉はまとまらなかっただろう、と。藤原牧師の果たしたことは、ホームレスを支援する上で大きな前進となった。

その後この活動は、「水曜パトロールの会」とは訣別し、教会独自の取り組みになっていった。理由は「水曜パトロールの会」の活動は新左翼の政治団体として、社会に対する抗議・社会批判としてのホームレス支援であることから、教会の考え方とは相容れなかったからである（本書、一五三―一五四頁参照）。彼らの一人が教会の礼拝にきて、こう言った。「なぜ、教会はこの人たちが社会の犠牲者であることを世間に訴えないのか。一緒に礼拝するだけでよいのか」と。教会の活動は革命のための活動ではない。彼らホームレスを教会に招き入れ、一緒に礼拝し、共に神様からの食事をいただき、交わりの一時をもち、お互いが理解し合う。どのような苦しみや悩みがあろうと、教会は神の究極の避難場所であり、この場で憩うことは神の求めることである。それが私たちの拠って立つ基本的な考えである。やがて、ホームレスの人々の中から洗礼希望者が現れ、二六年間の共生の取り組みから、四七名の受洗者が生まれた。彼らのためにもキリストは死なれたのだ。その人々を教会に招き入れずして、何をしようというのか。

藤原牧師のつくった「川崎市の路上生活者と共に生きる会」の名称に込められた「共に生きる」には、どんな意味でも上からの目線はない。そこには、彼らと一緒に生きようとする理念が込められているのである。共生の教会、インクルーシブ・チャーチは、藤原繁子牧師の理想とするところであった。今日、キリスト教会の衰退の潮流はとどまることがない。それは教会が、貧しい人々、社会の片隅に追いやられている人々を排除してきた結果によると、私は考えている。中南米やアフリカの貧しい人々の間で、キリスト教信仰は真剣に求められている。明日どころか、今日食するものがない、そんな中で、キリストを求め、希望を見出そうとしている。本来、キリスト教は貧しい人々の宗教である。豊かで、他者との共生を厭う現代社会には、キリスト教信仰は軽んじられる傾向にあるのだ。

だが、そうではないだろう。豊かな社会とはいえ、昨今の恐るべき格差の拡大一つをとっても、本当の意味での「豊かさ」ではないことは歴然としている。そんな中で、排除され、見えにくいところに押しやられている人々と共に生きようとする、桜本教会の目指す共生の教会、インクルーシブ・チャーチにこそ、キリスト教の未来があるのではないか。それこそがキリストの共生を生きる教会の姿ではないか。桜本教会の宣教姿勢は、そこに向かっているのである。

そして、牧師藤原繁子は、こうしてキリスト教会全体を変えようとする取り組みを行ってきたにもかかわらず、社会的には無名である。もとより、彼女の思いの中に、この世での評価や名声などにかかわる場所はない。神様だけが知っていればよいのである。先頭に立っての川崎市との交渉においても、多くのメディアに取り上げられ、新聞紙上にもその肖像が掲載されたが、牧師はこの世で著名になること、評価されることをむしろ恥ずべきことと考えていた。人の業ではなく、神の陰に隠れる信仰こそ、彼女の目指したものであった。

しかしたしかに、共生を目指す教会ではきれいごとでは済まされない出来事が起こる。酔って暴れる人をなだめる、刃物をもって追い回される、お金の無心にくる人に対応する、教会の近隣でさまざまな迷惑行為をされたために菓子折をもって謝りに出かけるなどなど、社会から相手にされない人たちを迎え入れることからくる困難や紛糾の種は尽きない。牧師館に住めなくなるなどということもたびたびである。しかし、藤原牧師は辛抱強く相手をし、誰をも決して切り棄てることはなかった。信徒は、藤原牧師のまさに体を張った取り組みに驚かされるばかりであった。

ホームレスの人たちへの夜間パトロールで、一緒に回ってくれた人のかけた一言が気にいらないと、殴りかかってくる飲んだくれのホームレスに対して、土下座して許しを乞う場面があった。額を地面につけて許しを乞うその姿には、キリストを感じさせるものがあった。すぐ近くにいた私には、できないことであった。むしろ、その場面の幕引きを図るためにかけた「もう、そのくらいでいいだろう」という私の言葉に、「何だ、この野郎」と怒鳴って向かってきた男に対して、私は一歩踏み出した。こんなに無理難題を言う男たちに頭を下げることはないという私の思いは、柔道三段の技に裏打ちされた自信からであったが、むしろホームレスの人たちへの蔑(さげす)みからであると後に気づかされた。キリストの姿を表した藤原牧師とは、どれほどに異なっていたか。

藤原繁子牧師の死の近さを悟った信徒は、「藤原先生はカリスマ牧師であった」と感慨深げに語った。高校教師時代に彼女が生徒に付けられたあだ名は、「瞬間湯沸かし器」であった。すぐに切れて怒り出す。その性癖は牧師になっても変わることはなく、私たちは何度も激しく叱られた。しかし、その怒りこそが、信徒を真剣にキリストを目指す生き方へと導くものであった。

モーセが、神から授かった掟が記された二枚の石板を抱えてシナイ山を降りたとき、神の民は

日曜日の教会の風景. 障がいのある女性信徒の絵

金の子牛を拝む偶像礼拝を行っていた。それを見たモーセは激昂し、二枚の石板を砕いた。あのモーセの怒りこそが、藤原牧師の怒りに通ずるものであった。

藤原牧師こそ、現代の預言者であったと言うべきである。

日曜日の朝、教会には礼拝に集う多くの路上生活者がやってくる。上の絵には、受付けで一人ひとりに声をかけて迎え入れる藤原牧師の姿が描かれている。まさしくこれが、インクルージョンの絵である。

藤原繁子牧師は、二〇一八年一二月六日の朝七時四五分に、この世の生涯を終えて天に召された。生涯を、神と人に仕えて生きた人生であった。藤原繁子は通名であり、本名は鈴木繁子、私の妻である。死の床で声も出なくなった彼女の発した最後の言葉、それは耳元で私が祈った言葉への応答、「アーメン」であった。真実、神を愛し、神から愛された人生であった。

最後に、シモーヌ・ヴェイユの言葉を引く[1]。

本当の愛にあっては、私たちが神において不幸な人々を愛するのではなく、私たちの中の神が不幸な人々を愛するのだ。私たちが不幸であるときには、私たちの中の神が、私たちに善を与えようとする人々を愛するのだ。同情と感謝は神から降り、それが互いに交換されるときには、二つの視線の出会う点に、神が現存する。不幸な人と相手の人は神から、神を通じて愛し合うのであって、神を愛するために愛し合うのではない。互いの愛のために愛し合うのだ。これは何か不可能なことだ。だからこそ、これはただ神に依ってだけ行われることである。神への愛のために、飢えた不幸な人にパンを与える人は、キリストから感謝されないであろう。その人はその考えだけで、すでに報いを受けている。キリストは、自分が誰に食物を与えているのか知らなかった人々に、感謝するのだ（『マタイ福音書』二五章37節）。

2　神と共にある居場所

(1)「居場所」とは何か

若い頃、私は中学校の特殊学級の担任をしていた。そこは知的障がい、肢体不自由、難聴、発達障がい、精神障がいなどの障がい児が集う教室であり、普通の学級に馴染むことのできない生徒たちを多く受け容れていた。不登校、非行、外国籍、虐待、棄て子、貧困家庭など、障がいはないが、明らかに学校生活に適応できない生徒たちであった。その中学校には不登校の生徒が三〇人以上在籍していた。彼らに何の手当てもなされていない実態を見て、私は彼らへの何らかの対応ができるのは一人ひとりの教育的ニーズに合わせた教育が可能な特殊教育ではないかと考えるようになった。校長に相談し、担任では指導の難しい不登校の生徒たちに特殊学級の側から支援することを提案し、了承された。

今日の言葉でいえば、これは「支援教育」の発想である。あるいは、「相談学級」とも言えるものであった。毎年、そのような生徒たちが入学し、特殊学級は多くの生徒たちで溢れるようになった。私が担任になった始めの年には、在籍生徒はわずか四名であったが、三年後には二〇名、五年後には三〇名を越える大所帯になっていった。私は毎年研究誌に、「学校生活が困難な生徒の指導」と題する事例研究を載せた。当時は「学校不適応児」と呼ばれていた生徒たちであったが、「不適応にさせている学校や教育」にこそ課題があると、私は考えていた。

研究誌を読んだ人たちからは、次のような批判を多くもらった。不登校や非行の指導は普通の学級の教員が行うべきもので、いかに指導力があろうと障がい児教育の教員が行うことではない。また、このような教育は、障がい児教育の「障がい」を曖昧にするものであり、やってはいけないものではないのか、と。

こうした批判自体はよく理解できる。しかし、その場にいて、できる者が手を出さないなら、生徒たちを誰が受け止め、理解するのか。形態やシステム、理念の問題ではなく、困難な状況にある者に対する個々の教育者の思いが優先してよいのではないのか。そう信じた私は、特殊学級と普通の学級との壁を越え、一人では乗り越えられない困難さを抱えた生徒たちを受け容れ、指導を始めた。不登校や非行の生徒への指導は、昼間の授業時間だけで済むものではなく、夜間の家庭訪問や地域の巡回が新たな教師の役割として加わった。

このような「支援教育」は、やがて私が神奈川県教育委員会に異動することになった後も継続した。神奈川の障がい児教育を考える立場になった私は、文部科学省の提唱する「特別支援教育」に対して、「神奈川県の支援教育」を立ち上げることになる。創案者として、障がいに限定しないすべての児童生徒を対象に、さまざまに困難な状況にある一人ひとりの教育的ニーズに対応した新たな教育のあり方を探った。それは今日、「神奈川の支援教育」として知られるようになっている。

私には、教育界でのこのような経験があり、学校生活をうまく送ることのできない児童生徒の「居場所」づくりが重要だと考えるようになった。こうした経験は、大学教員になった現在も、

「福祉の街づくり」を推進する上での理念となっている。大学と区役所の地域福祉課とが協働で取り組む「孤独死」や「引きこもり」のない街づくりにかかわってきたが、その中心に置かれるべきなのは「居場所」づくりである。居場所とは単なる場所（スペース）ではない。そこでは次の四点が重要な柱となる。

一、キーパーソンの存在
二、活動場所
三、活動の存在
四、交わり

「キーパーソンの存在」は、さまざまな教育的ニーズのある人たち、言い換えれば支援を必要とする人たちにとって、必要不可欠なものである。その人の前ではまず安心感が得られる人、そして心が開けるようになる人であり、一緒にいてほっとする気持ちが与えられる人、楽しいと思わせられる人である。辛さや苦しみの中に閉じこもっていた心が開放され、そのままでいいのだと、「存在の肯定」を感じさせてくれる人である。

そこには、「共感と受容」がある。辛さを一緒に感じてくれる「共感性」と、辛さを抱えている人を抱きしめてくれ、受け容れてくれる「受容性」は、障がい児教育の教師に最も求められるものである。それを支えるのは教員の感性である。その感性に乏しい教員は、教師には向いていない。

教会が苦しみや悲しみを抱えた人たちの教会になるためには、このような「キーパーソン」抜きにしては成立しない。そのキーパーソンは牧師であることが望ましいが、必ずしも牧師である必要はない。「共感と受容」の感性のある人であれば、誰でもキーパーソンになりうる。学校でいえば、必ずしも担任である必要はない。保健室の先生、美術の講師、用務員のおばさん、いつも声をかけてくれる教頭先生など、その子をいつも見守ってくれる人であれば、その役割を果たすことができる。

活動場所（スペース）も必要である。そこに行けばキーパーソンに会うことができ、自分を迎え入れてくれる場所なのだ。そこは包み込まれるような温かさに満ちている。そこを去るときには、もう一度行ってみたいと思わせるところなのだ。社会では片隅に追いやられても、そこでは温かく歓迎され、迎え入れてくれるところであること、そしてそれを実感できること。

先に掲示した「日曜日の教会の風景」の絵は、重い知的障がいのある女性が描いたものである。教会の前の受付けには藤原牧師が立っていて、一人ひとりを「よくいらっしゃいました」と歓迎する。久しぶりですね、具合は悪くない、などと親身になって声をかける。他の教会では追い出される人々が、笑顔をもって迎え入れられる。この人たちは神様からの大切な人たちなのだ。

この絵は、彼女が通所している施設の機関誌に掲載されたものである。並んで教会にやってくるホームレスの人々を教会が迎え入れている様子を温かな目線で描いていることがわかる。牧師だけがキーパーソンなのではない。信者一人ひとりが、それぞれの与えられたタレントを彼らのために発揮する。社会福祉士の資格をもった信者は、路上生活者や外国人の福祉サービスについて献身的に支援をする。家庭にまで入り込み、福祉事務所に伴って行き、学校まで付き添う。教師である信者は子どもたちの様子を見て、学校での課題を見抜いて対応する。外国籍の子どもであれば、学校でいじめはないか、学力の向上のために何をするべきか、家庭でのさまざまな課題に寄り添い、保護者を含めた配慮や対応を行う。

しかし、何より大切なことは、キーパーソンは個人ではないということである。むしろ、必要なのは集団とその場所なのだ。この集団に入ること自体が安心感を与え、一人ひとりの存在が肯定される場所であり、それが仲間意識を生み出していく。「ここにいてよいのだ」という思いこそが、その人の安心できる居場所をつくる。だから彼らは礼拝を休まない。ただ食事や衣類が与えられることを目的にきているのではない。居場所としての教会とは、このようなところなのだ。

そうした場所における、さまざまな活動の意味とは何だろうか。居場所とは、単にそこに集う場所ではない。そこには一人ひとりのやるべきことがある、そのことが大切なのである。お客様としての待遇を受けるのではなく、そこでは一人ひとりが行うべき事柄が用意されていて、それに参加することが大切なのだ。一人ひとりが何かしら主体的な活動にかかわっていくことがなければ、教会に続けて足を運ぶことはない。自分が行うべき活動があり、それに参加することこそ、不可欠なことなのである。自分にできることへの積極的な参加が、集団の仲間意識を育てていく。木曜日と日曜日にホームレスの人々が教会にやってくるが、彼らは朝早くから食事の準備や清掃のために訪れる。それは教会が頼んだことではない。自分たちからいって手伝おうとする思いがなければできないことである。

不登校の子どもたちが通う「適応指導教室」の教員たちを前にして、私はこう語った。学校のさまざまな縛りの中で不登校になっている子どもたちには、まず心理的な義務感からの解放が大切と考えて、一切の学習も毎日の生活の日課もなくすところが多い。そのことは学校の束縛をなくすという意味で大切なことだが、子どもたちの自由に任せることが、果たしてよいことなのかという疑問がある。何をしてもよいということは、何もしないという自由を与えるという意味だが、まだ主体性の育っていない子どもたちにとって、何を選び、誰と行動するかなどを決めることは、難しいはずである。まず必要なのは、何かしら活動できる事柄をいくつか用意し、それぞれ興味あるものに取り組むことができる機会を与えることではないか。適応指導教室の先生と話をするためにやってくる子どもがいる。しかし、中には教師と話したいとは思わない子どももいる。ともあれ、何かをすることで、人は生きる力を実感していく。そのことが重要ではないだろうか、と。

教会にとっても、それは同様である。教会にやってきて、食事をし、お茶を飲んで話をする。それだけでよい人もいる。しかし、教会のために、みんなのために何かをしたいという人は、教会を休まない。それが居場所があるということなのだ。

以下は、桜本教会で起こった象徴的な事例である。

ある大雪の降った朝のこと、教会の庭も道路も大量の雪で埋まった。私は早くから起きて雪かきを始めた。そこに五人のホームレスの人たちがやってきた。教会の雪かきをしたいというのだ。こんな大雪の寒い朝に、川崎駅から時間をかけて歩いてくる。雪道を歩くだけでも大変なのに、教会のことを思ってやってきたのだ。彼らは私の手からシャベルを取り上げて、雪かきを始めた。教会の玄関や庭だけではない。教会の両隣に並ぶ家数軒にわたって道路の雪かきをした。誰もが自分のことしか考えない、この時代にあって、彼らは教会とその周囲にまで気を配っている。私は、そのことを芯からありがたいと思った。

昨年〔二〇一八〕の夏のことである。教会を大掃除する予定が入っていた。教会の庭にある柊(ひいらぎ)の枝が道路まではみ出していることに気づいて、私は枝や幹の伐採を始めた。そこに一〇人以上のホームレスの人たちが出てきて、俺たちがやるから、先生は見ているだけでいいと言い、伐採を始めた。屋根まで届く高い枝もあり、脚立を立てて伐っている。ある人は隣りの建設会社にときどき雇われている関係で、社長から電動ノコを借りてきて、伐採している。その日は猛暑で、全員が汗だくである。後片付けも含めて一時間ほどかかっただろうか。私は日影で見守っていた。これほど教会のことを思ってくれている人たちがいることに、あらためて感謝しながら。まさに神の家族なのだ。

(2) 教会の交わり

認め合い、赦し合う関係性　教会では、支援するものとされるものとの上下関係はない。教会は、お互いが助け合うところとしての「居場所」の役割を果たしている。たとえば、衣類や生活用品の配布は、ホームレスの人たちが自分たちでつくったルールに従って行う。その手順も自分たちで決める。かつては必要な物品を教会側の担当者が渡していたが、今それは彼らがやる。みんなで決めて、みんなで守り、変更するときはみんなの会議で決める。与える者はここにはいない。みんなで分配するという、初代教会のやり方に倣っているのだ。

こうして、お互いが自然に助け合うこととなり、教会は仲間づくりの場所、憩いの場となる。食事の準備も後片付けも衣類の配布も、みんなが協力する。一緒にいることが楽しい空間になっているのである。

もちろん、時には注意をしなければならない状況も生じてくる。きれいごとではすまないこともある。喧嘩もあるし、酔っ払いもいる。でも、まずは受け容れ、赦し合うことがインクルーシブ社会への第一歩なのだ。酔ったり暴れたりしたら、もう二度とそこに入れないとすれば、それは結果的に排除になっていく。人は誰でも失敗をする。アメリカの三振法〔三振即アウト法〕のように、軽微な犯罪でも二回までは許すが、次は厳罰処分にするということでは、失敗を重ねる人々の立ち直る機会を奪うことになる。何回までなら許すという決まりはない。どんなに失敗を重ねる人たちにも、チャンスはある。教会は何度でも許すこと、これが原則である。多くは、実際にはしばらくほとぼりを冷ますというやり方を身につけるようになる。教会はそれに目をつぶるのだ。

ホームレスの人々の中には、前科のある人が少なくない。犯罪に陥るのは、貧しさやそれまでの生育歴に問題があるからなのだ。そのように理解すれば、誰しもなりたくて犯罪者になったわけではない。そのような人々を赦さないとしたら、それは教会ではない。荒れていた人たちも、やがては落ち着いてくる。かつて幾度かあった刃物で脅すという行為も、もう一〇年来、目にしていない。こんな言葉を口にする人がいる。「教会にきているのだから、もう悪いことはしない」。

ある大雪の日、何人かが雪かきにきてくれた。そのうちの一人が、私の車の上にある雪を落としてくれた。それはありがたいことではあったが、スコップでかいたため、その傷跡が車に何本もついてしまった。彼には発達障がいがあり、何かするときにはこちらがよほど注意していないとミスをすることが多い。しかし、私は叱らない。雪かきをしてくれたことは、教会や私を仲間としていることの現れだからである。修理にはお金がかかった。でも、そのことをとがめるよりは、彼の好意を素直に喜びたい。

教会を居場所とする人々は、教会を大切にする。そこが規則で縛られない世界だからである。逆に、迷惑をかけないようにと、自立していくのである。

誰もが主役　教会では誰もが主役である。一人ひとりに役割があり、それをお互いが認め合う社会となっている。多くの障がい者がいるが、彼らは単に支援を受ける人たちではない。支援をする側にもなる。礼拝で当番の日は、献金箱をもち、会衆を回って、短く祈る。どんなことであれ、できないものとして、役割から外すことはしない。何年にもわたるその行動は、落ち着いて堂々としたものになっていく。祈りは時には支援を必要とするが、立派にその役割を果たしている。障がいのゆえに参加させないことは、何一つない。また惣菜を配る係、お菓子を箱から出してテーブルに置く係など、障がいがあってもできる役割がある。大切にされるとは、人にやってもらうことではない。一緒に活動すること、みんなの仲間として活動することなのだ。

ホームレスの人々も同じである。朝早くから教会にきて、米とぎや野菜切り、食器並べ、衣類の整理など、たくさんの役割をみんなで行う。受ける人ではなく、与える人になる。この参加型の社会こそが、私たちの目指しているインクルーシブ社会なのだ。さまざまなニーズのある人々が、そこに行けば支援されるのではなく、自ら支援する側に回る。そこは、誰もが主役となる世界である。

地域を大切にするホームレス　支援活動を始めた頃は、地域住民はホームレスの人々の態度の悪さに閉口し、教会への苦情がたくさん届いた。しかししばらくすると、教会を拠り所、居場所にしたいと考え始めた彼らは、教会が地域から孤立することのないようにと、自分たちのことで地域住民から苦情の出ないようにと考えるようになった。地域の人々に迷惑をかけないようにと、酔って暴れたり、大声を出すなどを、自分たちで規制するようになった。

木曜日と日曜日の道路清掃は、彼らが担当する。塵一つ落ちていない道路に、町内会の人々の見る目が変わった。雪かきも率先して彼らが行う。家の前だけを雪かきするのが普通なのに、彼らは教会の前から道路の端まで初めて雪かきをした。地域の方たちは、ねぎらいの言葉をかけた。

共生社会は、一方的な理解と啓発では進んでいかない。ホームレスの人々による地域貢献とも言うべき行動を、その地域の人々に示すことからそれは始まる。障がい者も同様である。

ニーズのある人々が社会とのかかわりの中で、人や社会のためにする行動が、特別視の枠を外すことにつながっていく。あの人たちも、私たちと変わらないと思える姿を示すことが、どれほど大切なことか。

存在の喜び

障がい者やホームレスの人々が、周囲の人たちと人間的な関係をもつことには困難さがある。それはコミュニケーション能力の問題であったり、彼らが人と一緒に生きることから外された状況で生きているからである。障がい者の場合には、自分の意思を伝えるまで待ってくれずに、学校や施設の指導者、介助者の一方的な思い込みで決められることが多く、自分の意思を相手に伝えることを阻害されるケースが多い。それは自立心を奪い、過度な依存心を培う（つちか）結果となっていく。それがコミュニケーションの問題の一つになっているのである。あるいは、意思を読み取る力量に欠ける指導者、介助者側の専門性の問題もある。

一方、ホームレスの人々は仲間関係をつくって生きる人々もいるが、多くは他者との関係を求めず、孤独の中で生きている。その代表的な事例として、「ホームレス障がい者」が上げられよう。障がいのゆえに円滑な人とのかかわりをもつことができず、また生活上のさまざまな困難のために他者から受け容れられないことも多い。それが自ずと孤立した人生をつくり出していくのである。[2]

教会では、これらの人々にスポットライトを当てて、それぞれの場での主人公にしていく。食事の後片付けが終わった後、会堂に場所をつくって「茶話会」の準備をする。お茶とお菓子で憩いの一時を楽しむうちに、やおら当日の主人公が登場する。その人は、みんなの前で自分を語るのである。話の内容はそれぞれで、生まれ故郷の話、今まで経験してきた仕事のこと、教会にきたいきさつ、時には競馬で儲けた話など、人前に立って話をする。聞いているみんなは、それを受けて質問したり、意見を言ったりする。もちろん上手に話せない人もいる。それを手助けし、導く人もいる。そのようにして自分を語るのである。それは、自分を世界に開くことなのだ。内に籠もって生きている人が、他者との関係において生きることへと一歩前進するのである。

聴覚障がいと知的障がいをあわせもった人が、大声でたどたどしく話したこともある。みんなは、「それで、それで」と話を引き出す。聞き取りにくい場合は、それはこういうことだと代わって説明してくれる人もいる。その場の主人公がその人なのだという設定は、自分を開いていくことであり、それを聞いてくれる相手がいるということを知ることであり、仲間関係をつくることにつながっていくのである。

教会では、一年に二度カラオケ大会が行われる。障がいのある人たちが主人公になる時である。彼らは自分の持ち歌を一所懸命に歌う。それを聞いている私たちは、手拍子やかけ声で応援する。ホームレスの人々には、普段から教会の中で障がいのある人々との温かな関係があり、歌の最中はおしゃべりすることもなく、精一杯応援する。歌い終わった彼らに対して大きな拍手と歓声が起こる。それに応えて、はにかみながら礼をする。ここでは障がいのある人たちが主人公である。ある年までは、カラオケ大会の趣旨を理解せず、障がい者を中心とするカラオケ大会に不満を言う人もいた。しかしその人も、教会が障がいのある人たちをどれだけ大切にしているか、一緒に生きていこうとしているかを知るようになって、そうした態度を恥じるようになった。

どのような状態であれ、仲間と共に生きていることが喜びである世界こそ、インクルーシブ社会のあり方である。障がい者もホームレスも外国人も、自分を外に開放でき、かつそれを心から受け止めることのできる人々がいる世界が、共生の世界なのだ。そんな小さなインクルーシブ社会がたくさん生まれることによって、もっと住みやすい社会になる。今、それを目指すことが求められているのである。

3　教会は究極の避難場所

『ルカ福音書』に、「善きサマリア人のたとえ」として知られる一節がある。

すると、ある律法の専門家が立ち上がり、イエスを試そうとして言った。「先生、何をしたら、永遠の命を受け継ぐことができるでしょうか」。イエスが、「律法には何と書いてあるか。あなたはそれをどう読んでいるか」と言われると、彼は答えた。「『心を尽くし、精神を尽くし、力を尽くし、思いを尽くして、あなたの神である主を愛しなさい、また、隣人を自分のように愛しなさい』とあります」。イエスは言われた。「正しい答えだ。それを実行しなさい。そうすれば命が得られる」。しかし、彼は自分を正当化しようとして、「では、わたしの隣人とはだれですか」と言った。イエスはお答えになった。「ある人がエルサレムからエリコへ下って行く途中、追いはぎに襲われた。追いはぎはその人の服をはぎ取り、殴りつけ、半殺しにしたまま立ち去った。ある祭司がたまたまその道を下って来たが、その人を見ると、道の向こう側を通って行った。同じように、レビ人もその場所にやって来たが、その人を見ると、道の向こう側を通って行った。ところが、旅をしていたあるサマリア人は、そばに来ると、その人を見て憐れに思い、近寄って傷に油とぶどう酒を注ぎ、包帯をして、自分のろばに乗せ、宿屋に連れて行って介抱した。そして、翌日になると、デナリオン銀貨二枚を取り出し、宿屋の主人に渡していった。『この人を介抱してください。費用がもっとかかったら、帰りがけに払います』。さて、あなたはこの三人の中で、だれが追いはぎに襲われた人の隣人になったと思うか」。律法の専門家は言った。「その人を助けた人です」。そこで、イエスは言われた。「行って、あなたも同じようにしなさい」。

（『ルカ福音書』一〇章25–37節）

聖書全体の中で、最もよく知られた箇所である。イエスの教えが端的にまとめられ、しかも具体的でわかりやすい。「善きサマリア人のたとえ」は、キリスト者でなくとも知っている人は多い。

聖書のこの物語で重要なポイントは二つある。一つ目は、「見て憐れむ」の理解であり、二つ目は、半死半生の人を連れて行った先の宿屋である。

「見て憐れむ」は、神の憐れみであり、このサマリア人は神そのものであると解釈しうる。さらにいえば、その神から遣わされた主イエスのことである。サマリア人は主イエスに他ならない。[3]

二つ目の宿屋とは何か。これは、この世で傷つき、半ば死んだ状態になっている人を受け容れ、包み込んで介抱し、再び命を取り戻させるところである。それこそが教会ではないか。傷ついて倒れているのは、私自身である。その私を、教会に担ぎ込んで助け、新たな命を吹き込んでくださったのは、主イエスである。そのように教会の前で倒れている人々を迎え入れるのが、主の教会ではないか。この物語の解釈において最も重要なことは、宿屋とは教会そのものを意味しているという点である。多くの解説書には、そのことは記載されていない。聖書釈義や神学論として、そのような解釈が示されなかった理由は何か。今までの教会が「究極の避難場所」とはなっていなかったからである。そして同時に、そうした解釈は世にある教会のあり方に多くの負担を負わせることになると考えられたからではないか。しかし繰り返すが、教会とは、この世で傷ついて倒れ込んだ人々を迎え入れる場所である。主イエスの憐れみと共に、そして今日のインクルージョンの観点から、教会こそが究極の避難場所でなければならない。

インクルーシブ・チャーチとして、桜本教会が取り組んできた避難場所の事例を挙げよう。

障がい者　桜本教会には、障がいのある人たちがいる。知的障がい、精神障がい、発達障がい、身体障がいなど、さまざまな障がいを抱えた人たちが教会にやってくる。この人たちは最初から教会にいたわけではない。さまざまな状況をくぐって教会へと導かれ、やがて信仰が与えられて、キリスト者となっていった。教会にくる前は、決して穏やかな生活をしていたわけではない。何より、障がいに対する支援が十分でなかったり、当事者や家族を含めて、地域社会の偏見や差別に曝されることもあった。

この人たちが教会にきて、本当に人生を活き活きと楽しめるようになってきている。ある自閉症の方は、日曜日の家族旅行すら、教会にいくと言って拒否する。いつも礼拝では私の横に座り、賛美歌を一節ずつ伝えると、音程は取れないが、はっきりと声に出して歌う。ときどき、私の顔を見てニャッと笑う。一緒に歌うのが楽しいのだ。

彼は地域の保育園を卒業した。そこは朝鮮人の運営するキリスト教の保育園であり、日本人も朝鮮人も、さらに健常者と障がい者との区別もなく、みんなで一緒に保育を受けるインクルーシブな保育園であった。そこを卒業した彼は、地元の小学校の特殊学級に進んだ。ところが、韓国教会(在日大韓キリスト教川崎教会)の教会学校へは入れてもらえなかった。障がい者を受け容れる前例がなかったからである。やがて、地域の養護学校高等部に進学して、福祉施設に通所するようになる。

ここで彼は、保育園の保母をしていた桜本教会員の女性と再会することになる。そして、教会に通うことになった。始めは母親も同行していたが、やがて一人で通うことができるようになる。やがて母親も教会の礼拝に通い始め、ホームレスの人々の食事の準備に協力するようになった。教会に通い始めて二五年、彼は現在五〇歳を越えている。教会の信者として礼拝を守り、彼が教会にいることに何の違和感もない。ごく普通に教会の仲間として溶け込んでいる。障がい者を受け容れない教会では、考えられないことであろう。

また、精神障がいのある朝鮮人女性について記そう。彼女は若くして韓国教会で洗礼を受けた。しかし、精神障がいがあって、入退院を繰り返し、また日本人男性との結婚もあって、教会から疎遠になっていった。あるきっかけで桜本教会の藤原繁子牧師に相談するようになり、再び教会での礼拝に通うようになった。不安になると、毎日のように教会に電話をかけてくる、牧師を訪ねてくるということが続いた。

彼女の精神障がいは、突如激しい混乱を引き起こす。彼女は、母親、祖母の三人家族であったが、極度の混乱のただ中では、家族が支えることはできない。藤原牧師は彼女を教会に泊め、その混乱を見守った。そして三日後、少し落ち着いた様子を確認し、病院へと連れていき、そして入院が決まった。彼女を病院に運んだのは、藤原牧師と私であったが、正直に言って、あの混乱からやっと解放された安堵感を今でも覚えている。

彼女はその後、症状が再発して再び入院。その間に生まれた子どもは父親に引き取られ、彼女がわが子を抱きしめることはなかった。やがて、元夫とわが子が遠い地に移ることを伝え聞いた彼女は、最後にわが子に会いたいと、藤原牧師に相談する。「会ってきなさい」との牧師の言葉を聞いた彼女は、成長したわが子との再会を楽しみにするようになった。しかし、会うことはかなわなかった。再び牧師のもとにきた彼女は、こう口にした。「もう死んで、いなくなっていると思っている母親が息子の前に突然現れ、母親を名乗り、生きていたことを伝えると、母親が朝鮮人であり、精神障がい者であることも知らせることになる。その重荷を息子に負わせたくない」と。顔は淡々とした様子で語ったが、聞いていた私たちは涙を禁じ得なかった。朝鮮人や障がい者に対する差別や偏見がある社会で、息子に重荷を負わせたくないと語る母親の強い愛が、そこにうかがえた。差別社会の日本で生きることの難しさ、それが酷（むご）いほどに伝わってきた。

彼女は、その不幸を乗り越えて桜本教会に通っている。教会が、心と生活の停泊地になっているのだ。

ホームレス　ホームレスの人々を受け容れる教会は多くない。むしろ、教会を訪れたホームレスに対して、ここはあなたがくるところではないと追い返すのが普通である。日本の教会では、ある場所での炊き出しに、ボランティアで参加するキリスト者は多くいる。しかし、教会の中で炊き出し（食事会）を行っているところはあるだろうか。私の知るところでは、ほとんど見当たらない。では、ホームレスを宿泊させる教会はあるのか。外国にはあるが、日本では皆無である。

神奈川県の寿地区では、毎週金曜日に炊き出しを行っている。そこにボランティアとして教区の牧師や信徒が参加している。なぜ、桜本教会のように教会での食事会をしないのか。

近隣の教会では、日曜日の礼拝に彼らを招き入れることはない。あるところでは、五〇〇円玉を受付けにおいて、彼らがくるとそれを渡して追い返しているという。何度も言うが、彼らに必要なものは、パン（五〇〇円玉）なのか、主の御言葉なのか。

寿に隣接する教会で、宿泊施設をつくったという。やっと緊急時の宿泊施設ができたのかと期待した。しかし、それは寿で活動するボランティアのための宿泊場所であった。ボランティアが、ホームレスの人々より優先される理由は何だろう。ホームレスの人たちとの交流がないから、彼らの緊急時の対応も考えない人たちが、炊き出しを行っているのだ。本当に困っていて、緊急の避難場所がほしいと願う人が、ホームレスの人たちの中にいる。あまりに彼らのことを知らなさすぎる。だから、苦しみに共感することができないのだ。

桜本教会では、宿泊させる場合にいくつかのパターンがある。第一は、災害に巻き込まれて住居を失った場合である。台風などによって、テント小屋が流され、当面住む場所がなくなった人たちの宿泊場所である。会堂の椅子を簡易ベッドに仕立て上げ、そこが一時避難場所となる。食事は差し入れで凌(しの)ぐ。テレビなどは自由に見せる。こうした災害時の対応として、教会を避難場所に活用する。これは約一週間ほどの宿泊となる。

第二は、洗礼を受けたホームレスの宿泊場所として、会堂を提供する。または、近隣のアパートを借り上げて、宿泊させる。

Aさんは路上生活者支援の最初から教会にきて、手伝いというより中心となって調理を担当してくれた。彼のまじめさを見た私たちは、彼のために近くのアパートを借りて住まわせた。当初のアパート代は藤原牧師のポケットマネーであった。やがて仕事が見つかった。近くの病院のリハビリ担当補助である。牧師の娘が医者であり、その関係から仕事に就くことができた。ホームレスから抜け出して経済的にも自立でき、アパートで猫を飼うなど落ち着いた生活を楽しめるようになった。アパート代も自分で払えるようになって、私たちも安心した。三年ほどそのような状態が続いていたが、ある日、病院の勤めにこないとの一報があり、アパートに行くともぬけの殻であった。飼っていた猫が三匹、主(あるじ)の帰りを待っていた。周囲の人の話では、病院の勤めは賃金的に高くなく、好きな賭け事ができないことが不満だったという。彼の博打好きはよく耳にしていたが、それがホームレス転落の原因とは考えていなかった。

どこかに消え去った彼がいつか教会に戻ってこられるように、アパートの清掃を丁寧に行った。猫三匹は、私の車に乗せて、多摩川の土手で放した。もし、彼が再びホームレスになれば、その近くに住むだろうと思われた場所である。私たちは、今でも彼の安否を気遣っている。

Bさんはいつも酔っ払っていた。酔っているときは教会へ入れないことを理解した彼は、酔わずに礼拝に出席するようになった。半年ほど礼拝に出て、洗礼を受けたいと申し出てきた。私たちは話し合った。あの酔った状態を知っている私は、もうしばらく様子を見るべきだと主張した。だが、藤原牧師は洗礼は神が起こすものであり、彼の決心を受け容れたいと言って、クリスマスに洗礼を受けさせた。週に三日の日雇いをしていると聞いた私たちは、彼のためにアパートを借りた。アパート代は牧師が出した。彼が日雇いの仕事に行く日は、牧師は弁当をつくってもたせた。夫である私のために弁当をつくることはなかったが、彼のために早起きをして弁当づくりをした。

しかし彼は、さまざまな言い訳をして仕事に行かなくなった。アパートがあり、弁当がある。その環境では、厳しい日雇い労働に出る意欲が失せていったのであろう。彼の兄は、川崎市役所務めの公務員であった。兄の家に行くことは禁じられていると私たちに語ったが、かつて兄の家でトラブルを起こしたのであろう。生活保護の申請をしたほうがよいと助言したが、市役所で幹部職員となっている兄は、弟の生活保護の受給に断固反対していると聞いた。どことも相談することはできず、結局半年間、彼はアパートに居座った。アパート代を彼が払うことは一度もなく、それどころか、これ以上ここに住まわせることはできないと伝えると、教会は俺を見棄てるのかと喰ってかかってきた。そしてホームレスに戻った彼は、二年後に病死した。私たちにはもっと丁寧な対応をすべきであったと、強い反省が残った。福祉との連携がさまざまな事情でできないケースでは、教会が丸ごと抱え込んで支えてきた。しかし、そこには限界がある。

ある牧師はこう言った。桜本教会だけで彼らを支えることは困難であり、川崎市や神奈川県と連携する必要がある、と。しかし、よく考えてみれば明らかなように、桜本教会の行っていることは宣教の取り組みである。ただの社会活動ではない。宣教に行政を巻き込むことはできない。貧しく、苦しむ人々への宣教を、教団などキリスト教会全体で支える仕組みが必要だと思うが、それ以前に彼らを宣教の対象として考える教会がないということこそ、問題ではないか。

Cさんは長くホームレスをしていて、教会の支援を知り、礼拝に出るようになった。アルコール中毒で働けない体になっていたが、生活保護を受ける年齢ではなかった。洗礼を受けた彼をどう支えていくのか、教会で話し合った。結論として、多摩川縁の安いアパートを借りて、そこに住まわせることにした。アパート代は教会が出すことにした。そのうちに知り合いの二人がそこに出入りし、共同生活をするようになった。私たちは、食糧や衣類を運び込んで支援した。同居の二人も間もなく洗礼を受け、教会員となった。やがて彼らは生活保護を受けるようになり、教会生活を続けた。三人のうち二人は病で亡くなり、教会で葬儀を行った。彼らにとって教会は、神によって与えられた家族の一員となり、共に生きる場となった。

外国人　ある晩のこと、教会のチャイムが鳴った。出てみると、一人の黒人が玄関のドアに寄りかかっている。どうしたのかと尋ねると、もう何日も食事がとれていないという。日本語がほとんど話せないので、英語での会話になった。日本で働きたいと思ってやってきたが、頼る人がいなくて、助けを求めてたくさんの教会へ行った。彼はナイジェリア人で、クリスチャンだという。それで教会なら助けてくれるだろうと思ったが、どこも断られた。食事も金銭も援助はなかった。日本では聖公会の教会が自分の宗派であると知って訪ねたが、援助の話をすると拒否された。何とか助けてほしい。それが彼の言葉であった。

藤原牧師と私は、二階の牧師館に上げて食事をさせ、彼を休ませることにした。彼はほとんど行き倒れの状態であった。仕事が見つかるまでここにいていいと伝えると、彼は安堵したように眠った。不安と疲れが一気に開放されたのであろう。翌日から、彼は牧師館の客人となった。三部屋の一つを彼に提供し、自由に使ってよいことを伝えた。

私は不安であった。行き倒れの人を牧師館に住まわせることは、教会の務めであると考えていたが、何しろ彼とは初対面で、彼がどのような人物かがわからない。まして、昼間私は勤めに出ていて、妻の牧師が一人で彼の相手をすることになる。大丈夫かと何度も妻に尋ねたが、心配ないと言う。もともと腹の据わった人ではあるが、このときばかりは彼女の剛胆さにあらためて舌を巻いた。

　ナイジェリア人の彼は、昼間は仕事探しに出かけ、夕方に戻ってくる。日曜日には礼拝に出て、教会の仲間とも親しくなっていった。そのとき、障がいのある女性信者が、何の屈託もなく自然に彼に接するのを見て、彼女の人に対する信頼感を思った。自分と人との間に壁をつくらない。そのことを彼に対する態度で示した。彼女はホームレスのおじさんたちや、外国人に対しても、普通に声かけをし、付き合っていく。構えることを知らない。ここに彼女の人間としてのすばらしさがある。彼女がいてよかったと思った。

　彼は二週間ほど牧師館に滞在した。その後、教会の朝鮮人信者の紹介でアパートを借りることができ、引っ越した。引越祝いは、教会の信者たちとした。仕事が見つかるまで、私たちは彼から英語を学ぶことで、彼の生計を支えた。しかし、あまりにブロークンな英語で、しかも文法は私たちのほうがはるかにできる。それでも彼を支えたいとの一心で、彼から英語を学んだ。教会の信者一〇名ほどが、彼の教え子になった。やがて、彼はナイジェリアの友人と仕事をするようになって、教会から離れていった。その後、教会に尋ねてきてくれたのは、一〇年も経ってからのことである。彼は、藤原牧師を私の日本のお母さんと呼んだ。

　彼を思い出すのは、「善きサマリア人のたとえ」に触れるときである。行き倒れの彼を教会に泊め、世話をして安心させる。彼の苦しみをできる限り一緒に負う。そのことが具体的に教会で起こった。それは、神の恵みとしか言いようがない。彼は、神が派遣した者なのだ。

貧しい外国人との共生は、桜本教会の行ってきた取り組みの一つである。あるとき、ブラジル人の女性が教会を訪ねてきた。フランス人形のような色白の美人である。彼女は日本語がほとんどできない。私はポルトガル語がまったくわからない。ところが、彼女についてきた息子が、通訳を始めた。彼女はブラジル人の教会に通っていたが、遠くて通えないのでこの教会の礼拝に出席したいという。私たちは喜んで彼らを迎え入れた。息子は小学五年生で、地域の学校に通っている。私たちは付き合いだして、さまざまなことを知った。

彼女は、ブラジルにいるときに知り合った日本人男性と結婚した。彼が日本に帰るとのことで、日本にやってきたのだ。長野県の夫の実家に住んでいたが、その夫が病死する。それで川崎に出てきた。彼女は、ブラジルでエステティシャンをしていたという。美容関係の仕事だろうとは想像したが、川崎に出てきてその仕事を探しても見つからない。生活はどうなっているのかと聞くと、生活保護を受けているという。彼女には精神障がいがあった。日本に一人できて、同胞の友達もいない。どれほど心細かったことか。夫が亡くなって、心の拠り所は息子になった。彼女が息子に頼り切っている様子は、すぐに見て取れた。まだ、一〇歳の子どもである。誰もが親切にしてくれる教会が気に入って、毎週休まずに礼拝にくるようになった。彼女はブラジルのカトリック教会で洗礼を受けていたが、息子にも洗礼を受けさせたいと申し出て、小学六年生で洗礼を受けさせた。

彼が六年生になったとき、学校でいじめが起こった。小柄で日本語が上手ではない彼を、何人もの同級生がいじめた。私はそれを聞いて、小学校に出かけた。校長はとても丁寧に対応してくれた。今のままでは、いじめた子たちと同じ中学校へ行くことになる。荒れた中学という評判のある中学校では、小柄で言葉も通じないところのある外国人では、再びいじめの対象になることも考えられると事情を話して、学区外の中学校に進学させることにした。その校長は元柔道仲間で、すぐに理解してくれて入学がかなった。そして、「私が校長でいる限り、彼のことは面倒を見る」と言ってくれた。いろいろなことがあったが、彼にとって教会は居場所になり、中学校では不良グループにも入らずに、無事卒業した。何かあるたびに、信者の女性が彼の家に出かけては様子を見るようにしてきた。

二〇一八年一二月、親子はブラジルへ帰っていった。祖母が重い病気で最期を看取りたいということであった。お別れ会の席で、母親も息子も泣きながら教会の人たちがどれだけ親切であったかを語った。彼らにとっても私たちにとっても、お互いがかけがえのない家族であったことを知らされた。

犯罪の更生者

ある日のこと、一人の体の大きな男性が教会を訪ねてきた。彼は教会にきた理由をはっきりと告げた。何度も犯罪で刑務所に出入りしていて、今日刑務所を出たばかりだ。父親が心配し、教会にいって信仰をもつことを勧めたという。今度ばかりは父親の遺言を真剣に聞こうと思っている、と。酒乱で暴力的な性格を信仰によって直したい、と。

信仰によって生き方を変えたいという気持ちは理解できた。私たちは彼を受け容れようとした。そして、彼は欠かさず礼拝に出席するようになった。私たちは、彼の礼拝への真剣さを受け止めた。しかし彼には、教会の人間関係をうまくこなすことが難しかった。何でも仕切りたがった。みんなで決めるのではなく、自分で決めたがった。ある人には、「俺の家来になれ」と言った。彼は土建業で社長もしていたことがある。腕っ節も強く、柔道四段で国体に何度か出場したこともある。そんな経験から人に指図をすることに慣れてしまっているのだ。教会ではみんな仲良くと言っても、なかなかそのようにはいかない。それに酒乱が収まらない。

私は、彼との共通項である柔道を通して理解を深めようと考えた。当時、私は教会の近くの中学校の教師をしていて、柔道部の監督をしていた。そこに彼を案内して生徒たちと一緒に柔道をやろうと考えた。彼は何回か、柔道の稽古に参加したが、体力がなくて続かないと止めてしまった。

柔道を仲立ちとして、彼との交流はもっぱら私の担当となった。しかし、小さなことですぐに切れて怒り出す性格はなかなか改善されるものではなかった。私は個人的な関係をつくろうと、温泉旅行や観光旅行に連れ出したこともある。

そんなことが続いて、彼は洗礼を受けたいと申し出てきた。洗礼を受ければ、変われるのではないか。本気で神を信じたいということであった。私たちは彼の洗礼の申し出を重く受け止めた。しかし、洗礼を受けても、そうすぐに変われるものではなかった。

教会には酔ってくることがあり、そのたびに大声で怒鳴った。何が気に入らないのかわからなかった。しかし、徐々に明らかになってきたことは、教会には支援や配慮をしなければならない人たちがいたのだが、その彼らよりも自分にもっと向き合ってほしいということではないかとのことだった。また、みんなと仲間になることに抵抗があったのだろう。ホームレスや障がい者と俺とは違うと思ったのだろう。堪忍袋を彼は持ち合わせていず、ほんの小さなことで怒り出すことは続いた。

事件が起こった。ある日のこと、外出していた藤原牧師を待ち伏せして殺害しようと出刃包丁を振り回したのだ。酔っていた彼の動きは鈍く、牧師は間一髪で難を逃れた。私たちはその後の対応を考えた。警察沙汰にはしない。少しの間、反省するために教会にはこないこと、その代わり毎週土曜日に私が彼のアパートへ行って、彼との関係を切らないために話をし、穏やかな関係を回復するというものであった。牧師は、教会では何が起ころうと、信者になった者を警察に突き出すことはしないと明言した。それから毎週土曜日の夜、私は彼のアパートに通った。彼は話し相手がほしかったのだ。最初は二時間の約束が、ずっと長引くようになっていた。

そんなある日のこと、警察から電話がかかってきた。彼が暴力行為で逮捕され、留置されているという。この程度であれば説諭で済むので釈放するが、彼は身元引受人に私を指名しているという。すぐにきてほしいということであった。教会に迷惑をかけ続けていても、結局頼るところは教会しかないのだ。私は彼の存在の重さを感じ、ため息を吐きながら腰を上げた。

警察にいくと、担当者が待っていて事情を説明してくれた。酔って通行人に暴力を振るった。彼は暴力行為の常習者で前科九犯であるという。担当官は、教会で本当に面倒が見られるのかと聞いてきた。私はためらった後、藤原牧師の殺害を図ったことについて話した。警察官は、教会が毅然として警察に突き出せば、彼は二度とそのようなことはしなくなる。教会の甘さを知っての行動であると言った。警察官は釈放の条件として、教会には決して迷惑をかけないことを彼に誓わせた。引き取った私と二人きりになると、彼は詫びた。彼が詫びたのは初めてであった。

それからも、彼とは土曜日に会うことが続いたが、彼のほうからもう教会にはいかないと言い出した。それは反省からというより、教会が自分には合わないからだと言った。

彼は教会にはこなくなった。二年ほど経って、彼からの手紙が届いた。その中で、教会に通っていたときが人生の中で一番楽しかった。生まれて初めて清らかな心がもてたのは、教会の礼拝であった。どうしてあんなことをしてしまったのかと、心から反省している。病気が重くなって長くはないが、そのことだけはどうしても伝えたかったと書かれていた。手紙が届いて間もなく彼は天に召された。

彼の六九年にわたる地上の生涯で、最も心が落ち着いた場所が教会であったという。私たちにはそうは見えなかったが、それが彼の最後の告白であった。人間の見方と神の見方とは異なっている。彼もまた、キリストの愛に生きた人であったのだ。

4　奉仕（ディアコニア）する教会

第三章「『地の果て伝道』から『人の果て伝道』へ」で述べたが、本章においても、再度確認したい。教会の使命は宣教と奉仕である。これはキリスト教の中心課題であり、教会の存在理由である。両者によって教会はキリストの体としての教会になる。宣教のみではなく、また奉仕だけではない。本書はここまで日本のキリスト教の現状についてさまざまな角度から検証してきたが、結論として言えることは、この両者の関係についての考え方が曖昧であり、具体的には両者の調和がとれていないということである。宣教を重視する教会は、社会に向けた視点が稀薄であり、近隣の苦しむ人々や貧しい人々には関心をもたないということが起こっている。奉仕に力点を置いた教会では、社会活動やボランティア活動には熱心だが、支援を必要とする人々への宣教は考えない。教会の業（わざ）としての宣教が抜け落ちている。

私がこれまで著書や講演を通して語ろうとしてきたことは、宣教と奉仕とは二つに分離しうる事柄ではないということである。貧しい人々、苦しむ人々との共生への取り組みから見えるものは、支援を必要とする人々とのかかわりは、それを通して神に仕えるということである。神に仕えるとは、自己を神の僕（しもべ）として差し出すことである。自分という存在に与えられたすべてのもの（時間、体力、金銭、興味・関心など）を神のために用いる心である。神に向かって生きるとは、与えられたすべてのものが恵みであることを信じ切ることである。人間としての力量や努力の成果で得られたものではないと、もてるものすべてが、神の賜物であることを心底信じることなのだ。

教会が、福祉活動に取り組んでいる事例は少なくない。宗教法人の法人格を利用して介護事業やデイサービスなどを行っている教会もある。教会員の高齢化に伴って、高齢者施設の建設を行う教会もある。地域社会の住民を対象にした居場所づくりに励む教会もある。教会は地域社会に目を向け、地域に開かれた教会を目指さなければならない。

桜本教会の取り組みを理解した上で、どうしたらそのような教会になれるのかと問われることがよくある。そのとき、私は以下のように答えている。

(1) 教会を開くとはどのようなことを指すのか

地域の人々とのかかわりを大切にすること、すなわち信者だけの教会にはしないということである。いくつかの教会の修養会で講演する機会があるが、教会員だけの修養会ではなく、地域の人々を招き入れる取り組みこそが重要なのだ。地域の人々が参加して自由に話し合えるテーマを設定し、教会は何ができるのかを地域の人々と共に考える。その中から教会で取り組むべきことが見つかってくる。

桜本教会では、地域の住民が参加できるテーマで修養会を行っている。たとえば、「高齢者介護」「障がいの理解」「インクルーシブ教育」「不登校の理解」などである。このようなテーマであれば、案内を見た地域住民が参加してくる。信者でなければ参加できないテーマも大切であるが、一般の人々を招き入れることを念頭に置くことも大切である。

(2) 地域の学校の保護者への訴え

どこの地域にも学校区があり、中学校区には二、三校の小学校がある。ここで毎年、保護者を対象とした「地域教育懇談会」が開催されている。その中に教会が入り込んでいくことで、教会の存在をアピールできる。

桜本教会では、地域教育懇談会において、私が講師としてホームレスや障がい者の理解についての講演を行っている。特に、ホームレスの理解では、近隣に迷惑をかけるというイメージが固定しているホームレスの人々への偏見や誤解を取り除き、共に生きる地域社会のあり方を提唱する。そのことを通して、知られざるホームレスの現実の姿やその背景にあるものをわかりやすく語ることで理解が促進される。

たとえば、ホームレスの人々の中に障がいのある人たちが多くいることについて触れ、これは教育や福祉の問題であることを指摘する。知的障がいのある人たちがホームレスになっている現実であったり、子どもの頃の「愛着障がい」によって、人間関係のうまくとれない人たちがホームレスになっていることなどを話すと、ホームレスの人たちは「怠け者」であるという一般的な考えが一掃されるようになる。彼らも生きるために缶拾いなどをしていて、多くの人が仕事をもっていることも伝える。

私の専門である障がい児教育をテーマとしても講演するが、必ず地域のみんなで受け止めることと、そして共生社会のあり方についても話すようにする。教会にきている障がい者についても、一緒に生きることとはどのようなことなのかを、具体例を挙げて示す。

こうしたことによって、地域の中でのホームレスや障がい者への理解が進み、地域の人々から食糧や衣類がたくさん届くようになる。また、中学校の生徒たちが不要となったジャージや靴などを教会に運んでくれる。教会が地域社会に入り込む工夫こそ大切である。

(3) 地域からの相談の受理

地域にはさまざまな課題を抱えた人たちがいる。貧困、教育、外国籍、病気、障がいなど、教育や福祉にかかわる困難さのある人たちである。困難な状況にある人たちは、相談場所を見つけることができない。このような人たちを対象にした相談場所として、教会を開くことが重要である。教会にはさまざまな専門家がいる。桜本教会では、幼児教育、障がい児教育、福祉、医学などの専門性を有する人たちがいる。多くの教会に、さまざまな専門領域をもつ信者がいる。特別支援学校の目玉である「地域の支援センター化構想」では、学校が地域社会の中核となってその専門性を外部に向かって発信していくこととされているように、教会が地域社会に目を向け、相談活動に取り組み、支援することができれば、教会を地域社会に開くことにつながっていく。

(4) 宣教の取り組み

教会が地域のさまざまな人々とのかかわりの中で、最終的には教会の礼拝に招き入れる働きが肝要である。教会の使命は、苦しむ人々を受け容れることであり、同時に信仰の仲間としての共生である。教会で受け止め、その上で礼拝を共にする。このことこそ宣教と福祉の一体化である。

桜本教会は、現在ではホームレスの人々への支援活動が主となっているが、かつては地域の一人暮らしのお年寄りの定期的な訪問を行っていた。地域の福祉関係者から、一人暮らしの人たちを教えてもらって、訪問リストを作成し、実施した。何人かで訪問し、お茶を飲みながら話をする。時には教会学校の子どもたちを連れて訪問する。それで心を開いてくれるようになり、良好な関係がつくれた際には教会の礼拝へ誘う。そのようにして教会の礼拝出席につながって信者になった人もいる。教会の使命は人助けだけではない。キリストによる救いに与る(あずか)ことが最終の目的なのだ。

教会を開くという点において最も大切なことは、どのような人も排除しないという教会のあり方が前提となるということだ。すでに述べてきたように、教会に助けを求めて訪れる人々は多い。教会は、障がいやその他の相談などで訪れた人々のための居場所でなければならない。ここにいていいんだという安心感を与え、教会の仲間としてかかわっていくことができなければ、結局はさまざまなニーズのある人たちを排斥することになる。そのような教会がどれほどあるだろうか。教会が、地域社会の福祉の拠点となることを提言する人たちは少なくない。高齢化社会、障がい者の増大、貧困家庭の増加、在日外国人の増加などの社会構成の多様化によって、無数の課題に取り巻かれている現代社会では、教会もサークル活動のように内向きの活動でよしとする時代ではない。本来、貧しく苦しむ人々と生きたキリストの共生を体現するのが教会である。教会は地域の中で何ができるのか、地域の人々にどのように仕えることができるのかが問われている。

福祉的なニード論から見た場合に、これまでの「伝道の神学」を変えなければなりません。人を伝道の対象（客体）として見ることは、人をモノ化することにほかなりません。まず、その人のニードを聞くことであり、意思を持った主体であることを理解することです。キリストの福音が包括的に捉えられていれば、必ずやその人のニードに応じた語りかけができるでしょう。それができないということは、福音が断片的にしか捉えられていないということです。人生の全領域においてキリストが主権者であることを認める、ここが宣教の出発点でしょう。これは広い意味で文化の脈絡に沿った福音の提示（contextualization）ということにほかなりません[4]。

引用した本の著者は、教会が地域社会の福祉の拠点となり、地域の中で教会の果たす役割を明確に打ち出した教会形成を図るべきであることを提唱している。この趣旨には賛同する。ただし、反論として付け加えたいのは、日本のキリスト教会が障がい者、ホームレス、外国人のような支援を必要とする人々を排除しているという現実をまず見据えることが大切ではないか、という点である。教会における「優生思想」は、社会全体における優生思想よりも根が深い。この点を改善しない限り、教会が地域の福祉の拠点とは到底なりえないであろう。むしろ、キリストの共生を、教会が、そして信者がしっかりと理解することが大切ではないか。私たちは「キリストの共生」を身にまとっていることを理解しなければならないのだ。

洗礼を受けてキリストに結ばれたあなたがたは皆、キリストを着ているからである。

（『ガラテヤの信徒への手紙』三章27節）

注

序章　共生社会に向けて

（1）三重野卓編『共生社会の理念と実際』東信堂、二〇〇八年、一四頁。
（2）同書、二〇頁。

第一章　なぜ悲劇は起こり続けるのか

（1）横田弘『障害者殺しの思想』現代書館、二〇一五年。
（2）「公務部門における障害者雇用に関する関係閣僚会議」厚生労働省報告、二〇一八年一〇月二三日。
（3）中島隆信『障害者の経済学』東洋経済新報社、二〇一八年、一九一頁。
（4）「NHKハートネットTV」二〇一八年九月一八日放映。
（5）鈴木文治『排除する学校——特別支援学校の児童生徒の急増が意味するもの』明石書店、二〇一〇年、五一—五五頁。
（6）大山泰弘『利他のすすめ——チョーク工場で学んだ幸せに生きる一八の知恵』WAVE出版、二〇一一年、四六―四七頁。

(7)『朝日新聞』耕論、二〇一八年一〇月二四日付け。

第二章　キリスト教会と障害、そして共生

(1) H・レイン編『聾の経験――一八世紀における手話の「発見」』石村多門訳、東京電機大学出版局、二〇〇〇年、三〇五頁。

(2) 同書、三八四頁。

(3) 鈴木文治『障害を抱きしめて――もう一つの生き方の原理 インクルージョン』ぶねうま舎、二〇一八年、一二八―一三〇頁。

(4)『朝日新聞』社説「人権を尊ぶ改革断行を」二〇一八年九月二六日。

第三章　「地の果て伝道」から「人の果て伝道」へ

(1) 鈴木文治『インクルーシブ神学への道――開かれた教会のために』新教出版社、二〇一六年、一〇四―一〇九頁。

(2) A・リチャードソン『新約聖書神学概論』渡辺英俊・土戸清訳、日本基督教団出版局、一九六七年、四三頁。

(3) R・スターク『キリスト教とローマ帝国――小さなメシア運動が帝国に広がった理由』穐田信子訳、新教出版社、二〇一四年、二四頁。

(4) F・ゴンサレス『キリスト教史』下、石田学・岩橋常久訳、新教出版社、二〇〇三年、三七一頁。
(5) G・グティエレス『解放の神学』山田経三訳、岩波書店、二〇〇〇年、二二九―二三〇頁。
(6) J・モルトマン『神学的思考の諸経験――キリスト教神学の道と形』沖野政弘訳、新教出版社、二〇〇一年、二三〇―二三一頁。
(7) 前掲拙著『インクルーシブ神学への道』参照。
(8) 前掲『キリスト教とローマ帝国』一〇六頁。
(9) 前掲『キリスト教史』下、三七二頁。
(10) 鈴木文治編著『ウガンダに咲く花』コイノニア、二〇〇九年、四六―四七頁。
(11) 竹内寛『教理史』上、日本YMCA同盟出版部、一九六九年、一一五頁。
(12) 前掲『キリスト教史』下、参照。
(13) 前掲拙著『インクルーシブ神学への道』三四―三七頁。
(14) 古屋安雄『日本のキリスト教は本物か?――日本キリスト教史の諸問題』教文館、二〇一一年、二七頁。
(15) 同志社大学人文科学研究所キリスト教問題研究会編『戦時下のキリスト教運動――特高資料による2』新教出版社、一九七四年、一七八頁。
(16) 金田隆一『戦時下キリスト教の抵抗と挫折』新教出版社、一九八五年、二一三頁。
(17) 前掲『新約聖書神学概論』五一四、五一五頁。
(18) 石居正己・熊澤義宣監修『社会福祉と聖書――福祉の心を生きる』リトン、一九九八年、一〇〇―一〇一頁。
(19) 糸賀一雄『この子らを世の光に』柏樹社、一九六五年、三〇一頁。

(20) 同書、一二―一三頁。
(21) 糸賀一雄『福祉の道行――生命の輝く子どもたち』中川書店、二〇一三年、七八頁。
(22) 糸賀一雄『福祉の思想』日本放送出版協会、一九六八年。
(23) 前掲『福祉の道行』二二〇頁。
(24) 糸賀一雄『糸賀一雄の最後の講義――愛と共感の教育』中川書店、二〇〇九年、八一頁。
(25) 村山幸輝『キリスト者と福祉の心』新教出版社、一九九五年、六七頁。
(26) 阿部志郎・岡本榮一監修『日本キリスト教社会福祉の歴史』ミネルヴァ書房、二〇一四年、四三五頁。
(27) 『創立一〇〇周年記念誌　心の松とともに――松の木に見守られて』神奈川県立平塚盲学校、二〇一〇年、一五―一六頁。
(28) 今駒泰成『白い杖の人々』教文館、一九七〇年、二一六頁。
(29) 前掲『日本キリスト教社会福祉の歴史』二四七―二四八頁。
(30) K・バルト『バルト説教選集1』佐藤司郎訳、日本基督教団出版局、一九九四年、一一四頁。
(31) K・バルト『バルト著作集14　ローマ書』吉村善夫訳、新教出版社、一九七〇年、五九二頁。
(32) K・バルト『バルト著作集6　政治・社会問題論文集上』村上伸ほか訳、新教出版社、一九六九年、二七〇頁。
(33) M・マコヴェック『マルクス主義からの問い――マルクス主義とバルト神学との対決』堀光男訳、新教出版社、一九七〇年、二六三頁。
(34) 日本基督教団出版局編『教団を語る』日本基督教団出版局、一九七一年、二三五頁。
(35) 『寿地区センターニュース』NO.119, 日本基督教団神奈川教区寿地区活動委員会。

(36) K・バルト『ローマ書新解』川名勇訳、新教出版社、一九六二年、二九二頁。
(37) 前掲『バルト著作集14 ローマ書』七六頁。

第四章 インクルージョンとは何か

(1) P・ミットラー『インクルージョン教育への道』山口薫訳、東京大学出版会、二〇〇二年、二—三頁。
(2)『肢体不自由児者の合理的配慮に基づく——インクルーシブ教育ってどんなこと』全国肢体不自由児者父母の会連合会、二〇一七年、三七—七〇頁。
(3) H・イェーネ「共感福音書と使徒言行録の中の障害者」、H・シュミット編『われ弱き時に強し』新教出版社、一九八七年、一五六—一五七頁。
(4) K・バルト『キリスト教倫理2』鈴木正久訳編、新教出版社、一九五五年、一〇、一一頁。

第五章 ホームレスの母

(1) シモーヌ・ヴェイユ『神を待ちのぞむ』渡辺秀訳、春秋社、一九七一年、一一〇頁。
(2) 鈴木文治『ホームレス障害者——彼らを路上に追いやるもの』日本評論社、二〇一二年、一一二—一一三頁。
(3) 加藤常昭『ルカによる福音書一二—二四章』説教黙想アレテイア、日本基督教団出版局、二〇一四年、三九四頁。

（4）　稲垣久和『公共福祉とキリスト教』教文館、二〇一二年、二三〇頁。

あとがき

本書は妻・藤原繁子（本名、鈴木繁子）牧師に捧げると始めに記した。藤原繁子牧師は四五年間、川崎市南部にある日本基督教団桜本教会の牧師を務め、日本でも例のない「共生の教会」づくりに生涯を捧げた人である。私は彼女に寄り添い、教会づくりに共に取り組んできた。

「共生の教会」は、二六年間に及ぶホームレスの人々への支援にとどまらず、言葉のない知的障がい者、貧しい外国人など、さまざまな支援を必要とする人たちを支え続けてきた。それは教会の外で支える活動ではなく、教会に彼らを仲間として迎え入れ、「共に生きる場」としての教会のあり方を模索し続け、「共生の教会」の実現を図ってきた。それについては本書に詳しく記しているが、それは同時に「共生とは何か」という問題を具体的な取り組みを通して示そうと努めることでもある。学者や為政者の語る「共生」ではなく、日常生活における実践に基づく「一緒に生きる営み」の小さな交わりが、生まれも育ちも、もてるものも異なる人々をどのように結びつけ、仲間意識を育み、そこがなくてはならない場所になっていったかを語ってみた。あわせて、「支援」と「共生」とがどのように異なるのかについても考察している。

それは理想や理念が先行する活動ではなく、一緒にいること自体が私たちに心の底からの幸せを感じさせるものであった。その喜び、藤原繁子牧師が、「なぜホームレスの支援をするのですか」という記者の問いに対して、「一緒にいることがとにかく楽しいのよ」と回答した、その言葉につきている。共にいて楽しいと思わせるものこそが「共生」なのだ。

「共生の教会」づくりに邁進した藤原牧師が天に召されて半年が経過する。今、カリスマ性に満ちた藤原牧師が残したものの大きさを噛みしめながら、「インクルージョン」を念頭に置きつつ、教会は次の段階に入ろうとしている。それが、残された私たちの使命である。藤原牧師の遺志を継いで五代目の牧師になった私には、荷の重い務めではあるが、インクルーシブ・チャーチの先駆の役割をなんとしても果たさなければならない。

藤原繁子と結婚するとき、私は伝道師として教会を支えるが、同時に学校の教師として生きていこうと決心した。貧しい人々を受け容れる教会では、自ら職業をもつ者として生きることは当然のことと考えたからであった。そして伝道者としての生き方は、使徒パウロがテントづくりの職人であったことに示されていることでもある。

社会に出た始めの頃から、私は教師の職業を選んだわけではない。大学卒業後には石油会社に入社し、輸入課という部署に配属されて、営業を担当した。そこから大きく転換することになる。藤原繁子牧師との出会いによって信仰を与えられ、牧師になるべく神学校に入学し直し、そこで同時に教職課程も履修して教員免許を得たのであった。

キリスト教の伝道師として、私は最初から障がいや不登校、非行、外国籍など、さまざまな問題を抱える人々の教師となることを目指した。中学校の教員を皮切りに、教育センター、教育委員会などの教育行政の現場にも長く身を置き、盲学校と養護学校では校長職も経験した。そして、それらを退職した後は、障がい児教育を専門とする大学教員として学生を指導してきた。

教師という職業を通して得たものと、教会の伝道師として与えられたもの、それは一つの出来事を教育と宗教という異なった側面から考える習性を身につけるということを意味している。たとえば、ホームレスの人々の中に障がい者が大勢いるのを知ったことは、教育問題としてホームレスを考えることにつながり、障がい者が教会から排除されている現実を見たことは、宗教における、また教育におけるインクルージョンの問題提起へとつながった。教育者と宗教者という一見すると二足のわらじを履くことは、異なる二面の使い分けではなく、人間や社会に対する私なりの理解と実践へと導いてくれるものであったのだ。

齢七〇を越えたが、そんな地点に立って、あえて本書を著す動機となったものは、いまだ道筋を見出しがたい「共生社会」への道を単なる理念で終わらせてはならないという焦りであった。たとえ一歩でも共生社会に接近するために、この現実をどのように捕まえ、何をいかに変えようとするべきかについての具体的な見通しを提示したいと考えたのである。同時に、妻・繁子牧師の召天によって、心身が削り取られるかのような喪失感の中で、牧師が残したものを、なんとか伝えたいという切なる思いもある。

前著『障害を抱きしめて――もう一つに生き方の原理　インクルージョン』（ぷねうま舎、二〇一八年）では、「障害の神義論」がテーマの中心であったが、本書においてはキリスト者の陥りがちな「神に選ばれた者」という自己認識、自らを特権的な位置に置く、この宗教的な優生思想こそが問われなければならないということと、またイエスの言動に示されるインクルージョン（包み込み）こそが、キリスト教信仰の本質であるという考えとを、主題の核に据えた。

『障害を抱きしめて』の書評において、ある宗教学者の方が仏教的な考え方との親近性に触れてくださった。釈迦の説法にある、苦と死こそが人間の平等性の証であるという仏教の真髄と、『障害を抱きしめて』を貫く「すべての人は障がい者」という考え方との近似性の指摘であった。本書の結語もまた、すべての人が神の前では等しく「障がい者」であるという認識、それこそが共生への第一歩であるとなる。

他方、本書では、共生社会の実現に向けてのさまざまな課題を考察している。教育問題にうかがえる反・共生の出来事、目指すべきソーシャル・インクルージョンから照らし出される人種差別や、宗教の領域での諸問題など、私たちの生を取り巻いている領域での共生を阻むもの、反・共生へと傾斜するうねりに焦点を合わせている。そして、「インクルージョン」という理念を基礎づけ、同時にインクルーシブ教育とインクルーシブ・チャーチのあるべき姿を具体的に探ってみたつもりである。

今日の世界と社会は、到底生きやすいものとは言えない。そればかりか、幸せに向かおうとする人々の願いを押し流そうとするかのような兆候ばかりが目につく。しかし、立ち止まってはいられない。共生社会の実現に向けて、今ここから何ができるのか、一緒に、共に考えていただきたい。これが私の切なる願いである。

二〇一九年七月二五日

著者 識

鈴木文治

1948年, 長野県生まれ. 中央大学法学部法律学科、立教大学文学部キリスト教学科卒業. 川崎市立中学校教諭, 神奈川県教育委員会, 県立盲学校長, 県立養護学校長, 田園調布学園大学教授を経て, 現在日本基督教団桜本教会牧師.
著書に,『ホームレス障害者』『閉め出さない学校』(日本評論社),『インクルージョンをめざす教育』『排除する学校』(明石書店),『インクルーシブ神学への道』(新教出版社),『肢体不自由児者の合理的配慮に基づく:インクルーシブ教育ってどんなこと』(全国心身障害児福祉財団),『障害を抱きしめて』(ぷねうま舎)などがある.

なぜ悲劇は起こり続けるのか
共生への道なき道を開く

2019年9月25日　第1刷発行

著　者　鈴木文治(すずき ふみはる)
発行者　中川和夫
発行所　株式会社 ぷねうま舎
〒162-0805　東京都新宿区矢来町122　第二矢来ビル3F
電話 03-5228-5842　　ファックス 03-5228-5843
http://www.pneumasha.com

印刷・製本　株式会社ディグ

ISBN 978-4-906791-91-0　Printed in Japan

共感する人
——ホモ・エンパシクスへ、あなたを変える三つのステップ——
ローマン・クルツナリック　田中一明・荻野高拡　訳
四六判・三七六頁
本体二八〇〇円

人類はどこへいくのか
——ほんとうの転換のための三つのS〈土・魂・社会〉——
サティシュ・クマール　田中万里　訳
四六判・二八〇頁
本体二三〇〇円

思いやりの経済学　マチウ・リカール／タニア・シンガー編　辻村優英　訳
——ダライ・ラマ一四世と先端科学・経済学者たち——
四六判・二七二頁
本体二五〇〇円

ダライ・ラマ　共苦（ニンジェ）の思想
辻村優英
四六判・二六六頁
本体二八〇〇円

3・11以後　この絶望の国で
——死者の語りの地平から——
山形孝夫・西谷　修
四六判・二六二頁
本体二五〇〇円

3・11以後とキリスト教
荒井　献・本田哲郎・高橋哲哉
四六判・二二四頁
本体一八〇〇円

パレスチナ問題とキリスト教
村山盛忠
四六判・一九三頁
本体一九〇〇円

湯殿山の哲学
——修験と花と存在と——
山内志朗
四六判・二四〇頁
本体二五〇〇円

終をみつめて
——往復書簡　風のように——
八木誠一・得永幸子
四六判・二九四頁
本体二五〇〇円

禅仏教の哲学に向けて
井筒俊彦 著　野平宗弘 訳
四六判・三八〇頁
本体三六〇〇円

坐禅入門 禅の出帆
佐藤　研
四六判・二四六頁
本体二三〇〇円

冥顕の哲学1　死者と菩薩の倫理学
末木文美士
四六判・二八二頁
本体二六〇〇円

冥顕の哲学2　いま日本から興す哲学
末木文美士
四六判・二八二頁
本体二八〇〇円

跳訳 道元
——仏説微塵経で読む正法眼蔵——
齋藤嘉文
四六判・二四八頁
本体二五〇〇円

さとりと日本人
——食・武・和・徳・行——
頼住光子
四六判・二五六頁
本体二五〇〇円

たどたどしく声に出して読む歎異抄
伊藤比呂美
四六半・一六〇頁
本体一六〇〇円

親鸞抄
武田定光
四六判・二三〇頁
本体二三〇〇円

死後の世界
——東アジア宗教の回廊をゆく——
立川武蔵
四六判・二四六頁
本体二五〇〇円